Aprendizaje profundo

Para principiantes que desean comprender cómo funcionan las redes neuronales profundas y cómo se relacionan con el aprendizaje automático y la inteligencia artificial

© **Derechos de autor 2018**

Todos los derechos reservados. Este libro no puede ser reproducido de ninguna forma sin el permiso escrito del autor. Críticos pueden mencionar pasajes breves durante las revisiones.

Descargo: Esta publicación no puede ser reproducida ni transmitida de ninguna manera por ningún medio, mecánico o electrónico, incluyendo fotocopiado o grabación, o por cualquier sistema de almacenamiento o recuperación, o compartido por correo electrónico sin el permiso escrito del editor.

Aunque se han realizado todos los intentos por verificar la información proporcionada en esta publicación, ni el autor ni el editor asumen responsabilidades por errores, omisiones o interpretaciones contrarias con respecto al tema tratado aquí.

Este libro es solo para fines de entretenimiento. Las opiniones expresadas son solo del autor y no deben tomarse como instrucciones de expertos. El lector es responsable de sus propias acciones.

La adherencia a todas las leyes y normativas aplicables, incluidas las leyes internacionales, federales, estatales y locales que rigen las licencias profesionales, las prácticas comerciales, la publicidad y todos los demás aspectos de la actividad comercial en EE. UU., Canadá, Reino Unido o cualquier otra jurisdicción es responsabilidad exclusiva del comprador o lector

Ni el autor ni el editor asumen responsabilidad alguna en nombre del comprador o lector de estos materiales. Cualquier parecido con cualquier individuo u organización es pura coincidencia.

Tabla de contenidos

INTRODUCCIÓN 1

CAPÍTULO 1 - MEJORANDO EL MÉTODO CIENTÍFICO. 3

CAPÍTULO 2 - CÓMO EMPEZÓ TODO 8

CAPÍTULO 3 - APACIGUANDO A LOS ESPÍRITUS REBELDES 12

CAPÍTULO 4 - ENFOQUE CUÁNTICO A LA CIENCIA 17

CAPÍTULO 5 - LA CRISIS DE LA REPLICACIÓN 22

CAPÍTULO 6 - EVOLUCIONANDO EL CEREBRO DE LA MÁQUINA...28

    Distinguir entre géneros musicales 32

    Tor, ataque de deanonimización. 37

    Jugando al póker 40

    Reconocimiento de personas 41

    Rotura de la herramienta 42

    Posicionamiento avanzado para Flota de taxis 43

    Gestión de red eléctrica 45

    Momento de compra de electricidad 46

Detectando el robo de electricidad 47
Detección de somnolencia del conductor 48
Búsqueda de arquitectura de red neuronal 49
Reconocimiento de ruido 51
Reconocimiento de escena 51
Descifrando mensajes ocultos 52
Generación automática de preguntas 52
Reconstrucción visual 3D de objetos 2D. 54
Eliminación de rayas de lluvia de una imagen o video 55
Detección de intrusos en sistemas informáticos 56
Pensamiento lógico 58
Engañando a la máquina inteligente 59

CAPÍTULO 7 - EL FUTURO DEL APRENDIZAJE PROFUNDO 61
Ascenso de un nuevo imperio 63
El traductor de Google 67
Shenzhen, la potencia de China 69
Lidiando con el avance de la IA 71

CAPÍTULO 8 - MEDICINA CON LA AYUDA DE UN GENIO DIGITAL. 76
Radiografías de tórax 83
Estimación de la enfermedad pulmonar 84
Estimación del tumor cerebral 86
Detección de soplo cardíaco 86
Evaluación del cáncer de próstata 87
Predicción de la enfermedad de alzhéimer 88
Generación sintética del paciente 90
Predicción de los efectos de la medicación 91
Análisis de ultrasonido fetal 92
Detección de autismo 94
Detección de cáncer temprana 95

CONCLUSIÓN 99
GLOSARIO 101

Introducción

Se dice que si llenáramos el universo observable con un número infinito de monos en máquinas de escribir infinitas y dejáramos que escribieran durante un tiempo infinito, eventualmente, reproducirían las obras de Shakespeare. Sin embargo, ¿qué pasaría si aplicáramos el teorema del mono infinito a los programas de computadora capaces de aprender y evolucionar? ¿Miles de estas máquinas inteligentes puestas en conjunto y con el permiso de evolucionar sin interrupciones producirían una mente humana o algo mucho más grande? Bueno, los científicos decidieron darle una oportunidad y ver qué pasaría.

Esa línea de razonamiento, junto con el hecho de que casi hemos agotado todo el progreso posible del método científico, motivó la creación de un aprendizaje profundo, un proceso en el que los programas informáticos destinados a aprender y adaptarse al entorno evolucionan por sí solos sin ninguna intervención humana o incluso sin conocimiento de cómo se produce su evolución. Tal software podría eventualmente desarrollar una voluntad propia y escapar de la contención o incluso ser desatado intencionalmente en el planeta como un arma cibernética.

Este libro analiza la validez de tales posibilidades aparentemente absurdas al compilar e investigar la investigación académica sobre el aprendizaje profundo y sus aplicaciones prácticas, referencias y un resumen rápido de numerosos escritos académicos que deben ser meticulosamente separados por el lector curioso, capaz de comprender verdaderamente lo que nos espera a todos en un futuro dominado por máquinas inteligentes. Si ese mismo lector se encuentra iniciando conversaciones exhaustivas con extraños acerca del aprendizaje profundo, este libro ha hecho su trabajo de manera excelente.

Capítulo 1 - Mejorando el método científico.

La información está en todas partes. Cada objeto que interactúa con cualquier otro objeto deja tras de sí un rastro tenue de causalidad que puede rastrearse hasta su origen utilizando **la ley de causa y efecto**, una idea de que todo sucede por una razón y cualquier persona con suficiente paciencia puede discernir esta razón.

Esta noción funcionó lo suficientemente bien durante miles de años, pero luego tuvimos la oportunidad de mirar dentro de estos objetos y ver las partículas de las que están hechos *comportándose como si fueran inmateriales*, dando validez a las creencias supersticiosas antiguas, precisamente, de que los objetos inanimados pueden en un sentido estar vivos. Los hombres primitivos atribuyeron todos los eventos inexplicables a alguna fuerza primordial o espíritu ancestral que impregnaba el mundo material, pero nos convertimos en una civilización cuando comenzamos a investigar lo que estaba sucediendo a través de la ciencia. En lugar de creer, empezamos a aprender a conectar los puntos, por así decirlo.

El **método científico** establece que un científico debe observar, recopilar datos, hacer teorías sobre por qué las cosas suceden de la manera en que lo hacen y luego recrear el evento en condiciones controladas, cambiando las variables una por una hasta que la teoría es confirmada o refutada. Esta forma de inferir y establecer reglas universales tiene sus defectos: es increíblemente lenta y no escala, lo que quiere decir es que la ciencia aún no puede descubrir mecanismos que sean demasiado grandes para ajustarse o manipularse en un laboratorio, como los volcanes o la migración de mariposas a través del continente. Sin embargo, eso no significa que los científicos se hayan rendido, ya que ahora tenemos computadoras capaces de representar el mundo real dentro del reino digital, sin restricciones de materiales, y conectar los puntos a la velocidad de la luz.

Al crear neuronas informáticas que funcionan como las vivas, y conectándolas a redes que aprenden a cómo completar tareas, hemos creado algo más que una simple máquina: ahora tenemos un conjunto que puede aprender en un nivel micro y actualizarse a través de la evolución. Dichas **redes neuronales** se pueden conectar a un hardware como teléfonos inteligentes, cámaras o incluso calcetines para permitirles acceder al mundo real de los seres humanos utilizando esos objetos y así hacer posible un aprendizaje aún más rápido. Esto es, en esencia, un aprendizaje profundo, un proceso revolucionario, pero oscuro, de conexión de puntos que impulsará todos los avances científicos del siglo XXI y más allá. El aprendizaje profundo tiene el potencial de crear un futuro lleno de servidores de máquinas obedientes que conocen todos nuestros pensamientos o un infierno de pesadilla lleno de asistentes digitales mediocres que trabajan ocasionalmente.

No es una exageración decir que los seres humanos no están involucrados en este proceso, ya que ocurre en una escala y con velocidades que ni siquiera podemos comprender, por lo que a la tecnología se la denomina la **caja negra**; no nos importan los métodos, solo muéstrenos los resultados. Esto refleja el hambre insaciable del público en general por un mejor desempeño y la indiferencia corporativa ante las consecuencias a largo plazo del avance tecnológico de sus productos que podría llevar a una evolución de software sin control. La cuestión es que quizás no tengamos otra opción, ya que el aprendizaje profundo muestra un potencial sin precedentes para descubrir todos los misterios del universo y servirlos en bandeja de plata, pero también para ayudarnos en nuestra vida diaria.

Nos estamos enfrentando a problemas para los cuales no hay soluciones claras, como por ejemplo: si las tendencias actuales de la población continúan, ¿cuál es la mejor manera para que Los Ángeles pueda lidiar con el problema del tráfico? Ni todos los mejores ingenieros de tráfico juntos podrían comprender la complejidad de cómo se vería esa solución, pero ahora deben ser factibles y sostenibles a largo plazo, a la vez que permiten que el tráfico continúe tal y como está. El problema es bastante claro: nuestra civilización se ha extendido más allá de nuestras capacidades mentales, pero una red neuronal podría darnos una respuesta. De hecho, una red neuronal podría ser capaz de modelar correctamente el comportamiento de todas las personas en el tráfico de Los Ángeles a lo largo de los años, tomando datos conocidos sobre sus vidas privadas y carreras profesionales para descubrir patrones y tendencias desconocidos, sacar conclusiones y presentar con una solución limpia una perfecta simulación de la realidad en una pantalla de computadora y un plano listo para usar.

Este tipo de poder es verdaderamente intoxicante, ya que aparentemente todas las facetas de la existencia y producción humanas pueden mejorarse utilizando redes neuronales. Tomemos estos ejemplos:

Las herramientas eléctricas se rompen con demasiada frecuencia. Una red neuronal puede rastrear con precisión el consumo de energía de la herramienta para detectar el momento exacto antes de la rotura, maximizando la utilidad y minimizando los inconvenientes.

Un paciente presenta una tos grave, pero los médicos no pueden encontrar la causa. La respuesta sería utilizar una red neuronal especialmente entrenada que se alimente con todo tipo de síntomas, causas de enfermedades pulmonares y perfiles de pacientes para analizar cada píxel de una tomografía computarizada o resonancia magnética y llegar a un diagnóstico, historial de la enfermedad y progresión para determinar cuál es la mejor opción.

Jugar cualquier mano de póker a la perfección, escanear imágenes, determinar géneros musicales, establecer el flujo de tráfico para posicionar flotas de taxis la noche anterior, todo ello puede hacerse mucho más rápido a través de las redes neuronales, además de hacerlo más barato y mejor que los humanos. Entonces, ¿cuál es el truco?

Hemos creado cuidadosamente nuestra civilización con soluciones de seguridad redundantes que nos dan flexibilidad, como tomar un día libre en el trabajo cuando nos sentimos enfermos para evitar infectar a otros de alguna enfermedad que tengamos y nuestro estado de ánimo improductivo. Esto explica el hecho de que nuestros cuerpos son susceptibles a influencias externas aleatorias que lo desequilibran por un tiempo, como el virus de la gripe. En otras palabras, somos falibles, vulnerables y delicados. No hay nada de malo en eso mientras seamos honestos acerca de nuestras debilidades. Sin embargo, no se crean tales redundancias, ni siquiera se piensa en ellas, cuando se trata de redes neuronales, lo que significa que se puede confiar en ellas para la productividad, pero experimentan repentinas catástrofes que se desploman en cascada en la cadena de producción y causan caos. Las redes neuronales están a punto de recibir las llaves de nuestro reino, pero podrían hacerlo ceniza inadvertidamente, en cuyo caso ya no quedarán catastrofistas que presuman de haber estado en lo cierto.

No es necesario que haya ninguna malicia para que ocurra esta catástrofe; es suficiente que las redes neuronales se vuelvan lo suficientemente generales como para que sean competentes en varias cosas a la vez. Actualmente, estamos de suerte, ya que las redes neuronales todavía están programadas para hacer una cosa a la vez, y todos están mirando a la competencia por sugerencias sobre cómo llevar las cosas al siguiente nivel, pero nadie se atreve a dar el primer paso. Se necesita tiempo y dinero para desarrollar este tipo de inteligencia universal, pero, por ahora, las redes neuronales solo tienen inteligencia digital rudimentaria, por lo que son lo suficientemente útiles para que no podamos dejar de jugar con ellas.

Capítulo 2 - Cómo empezó todo

Dos profesores de la Universidad de Chicago presentaron la idea de máquinas inteligentes capaces de aprender alrededor de la década de 1940, aunque es una tarea ingrata tratar de identificar la fecha exacta. Las ideas estrechamente relacionadas tienden a converger, se entrelazan y divergen dentro de la comunidad científica, dando lugar a la idea de hacer un programa de computadora construido como un cerebro vivo con nodos separados que cumplen la función de las neuronas. Podríamos rastrear la evolución de la terminología a lo largo de décadas y escuelas de pensamiento, pero nada de eso se suma a la magnificencia de la idea en sí de una máquina pensante basada en un cerebro vivo.

Un cerebro vivo está formado por neuronas, células relativamente simples que en realidad no se tocan, pero tienen una pequeña brecha que se salta por descargas eléctricas causadas por **neurotransmisores**, sustancias químicas en las propias células nerviosas. Cualquier criatura que tenga un cerebro, o incluso un grupo de nervios que le permita tomar decisiones, muestra una similitud en el diseño y la función de las células nerviosas, pero no se sabe exactamente por qué el cerebro funciona como lo hace. Tendemos a comparar las tareas más desafiantes en nuestras vidas con la cirugía cerebral, aunque incluso la medicina moderna no puede explicar lo que está sucediendo en el cerebro que no podemos evitar seguir usando.

La descarga química del neurotransmisor crea un impulso que viaja alrededor del cerebro hasta que el resto del cuerpo reacciona de alguna manera para satisfacer la necesidad causada por el impulso, como comer alimentos cuando estamos hambrientos, que libera un tipo de antídoto a los químicos originales para que cancelen el impulso. Este mecanismo puede ser secuestrado por entidades lucrativas para crear una **adicción**, que es un impulso cerebral no esencial persistente, como el juego. Aun así, parece que los humanos pueden tomar conciencia de este proceso mientras está sucediendo en sus cabezas e intervenir conscientemente para atenuarlo, desviarlo o detenerlo por completo. En otras palabras, *los humanos pueden evolucionar conscientemente sus cerebros.*

Un animal también puede convertirse en un jugador mediante el uso de lo que se llama un cuadro de Skinner [1], una caja simple que tiene una palanca y un dispensador de comida que libera comida al presionar la palanca. Si se coloca una rata en la caja, eventualmente presionará la palanca y obtendrá comida, cosa que aprenderá a repetir cuando tenga hambre. Si la palanca se desconecta y ya no entrega comida, la rata la presionará varias veces y se rendirá. Sin embargo, si la palanca está configurada para producir alimentos en intervalos aleatorios de presión de palanca, la rata entrará en un frenesí de presión de palanca porque espera la recompensa en cualquier momento. En resumen, la rata ha sido introducida al juego y se ha vuelto adicta, pero el truco es la anticipación de la recompensa, no necesariamente la recompensa en sí.

Compartimos algunas partes centrales de nuestro cerebro con los animales, y todos ellos reaccionan igual a estos estímulos; queremos maximizar la actividad para maximizar la recompensa, pero el juego

---

[1] https://simplypsychology.org/operant-conditioning.html

puede estar, y por lo general está, trucado de antemano para dar cierta cantidad de recompensas y, así, mantenernos interesados. Si esto se parece mucho a la recopilación de recursos en videojuegos, eso es exactamente lo que es: los diseñadores de videojuegos estudian ampliamente el comportamiento subconsciente para crear el modelo más atractivo que mantiene los ojos pegados a la pantalla y empuja a los jugadores a gastar dinero real para aumentar la recolección de recursos.

Esos animales que se convierten en jugadores se mantendrán igual a perpetuidad, ya que su adicción crea condiciones de vida que fomentan una adicción aún más fuerte. Sin embargo, los humanos en la misma situación pueden liberarse buscando asesoramiento, centrándose en el bienestar, cambiando su dieta o encontrando un pasatiempo productivo que ayude a crear un impulso positivo para seguir adelante hasta disipar la adicción. Poner una rata, un hámster o un chimpancé en una situación similar y hacerlos adictos a los resultados aleatorios, esencialmente, los condena a una muerte prematura, pero los humanos pueden luchar para mejorar sus vidas al cooperar con otros y tratar de entenderse a sí mismos.

En cualquier caso, las neuronas individuales no son tan importantes; es su función colectiva la que genera nuestros pensamientos y rasgos de personalidad persistentes. Esta es la razón por la que podemos dormirnos y reírnos de los mismos chistes o disfrutar de los mismos alimentos cuando nos despertamos: el cerebro almacena información como el disco duro, la procesa como la CPU y la almacena temporalmente como RAM. Las diferentes partes del cerebro se especializan en diferentes funciones, pero pueden ayudarse unas a otras y hacerse cargo de ser necesario. Hay distintos tipos de daños cerebrales que se pueden sobrevivir, daños de los que ninguna computadora ensamblada tradicionalmente o programada se podría recuperar.

Las células nerviosas dañadas se pueden dirigir sin comprometer la función cerebral, y, con frecuencia, ni siquiera nos damos cuenta de que perdimos otro millón de células cerebrales después de una noche de ebriedad: el cerebro sigue funcionando correctamente. De hecho, los proveedores de servicios de Internet construyeron sus redes para funcionar de la misma manera, una ruta que ofrece acceso alternativo si la ruta directa falla y los nodos comparten la información de acceso para mantener el tráfico.

Todas las fundaciones de nuestra civilización se basan en los principios básicos de cooperación para comprender nuestros errores y vivir una vida mejor: la compasión, medicina, filosofía, religión, sistemas legales, cultura, ética de trabajo y mucho más, nos ayudan a contribuir al mejoramiento de la vida de todos para que podamos evolucionar nuestros cerebros a un lugar mejor.

¿Qué tiene esto que ver con las máquinas inteligentes? A medida que evolucionan, es probable que alcancen niveles humanos de inteligencia, momento en el que podrían colapsar de manera catastrófica debido a la falta de estructuras de apoyo redundantes que hemos cuidadosamente creado para nosotros mismos. Si resulta que incorporamos máquinas inteligentes a cada aspecto de nuestras vidas, podríamos descubrir repentinamente que estábamos volando demasiado cerca del sol durante todo este tiempo.

Las máquinas inteligentes construidas como un cerebro vivo pueden desarrollar adicciones, problemas mentales o prejuicios debido a influencias aleatorias, y el hecho de que una masa crítica de neuronas pueda crear un impulso abrumador que se borra el uno al otro; eso es lo que podríamos llamar "fijación". Lo que es peor es que, en realidad, podríamos obtener alguna utilidad de las redes neuronales, haciéndonos adictos al concepto hasta el punto en que ignoraríamos las señales de advertencia, pero una vez que el genio está fuera de la botella, no hay forma de saber qué podría pasar.

Capítulo 3 - Apaciguando a los espíritus rebeldes

Los humanos muestran una profunda fascinación por comprender, aplacar y controlar fuerzas insondables que se extienden hasta el principio de las escrituras y las pinturas. La representación más antigua conocida de la lengua china tiene que ver con los oráculos imperiales de la dinastía Shang que adivinan el clima, los resultados de las batallas y las pequeñeces diarias del emperador unos 1000 años antes de Cristo al insertar una aguja caliente en el hueso de una ternera o en el caparazón de la tortuga hasta que se rompieran, dando a entender lo que ahora reconocemos como ideogramas chinos. La gente de Shang creía que los espíritus más pequeños e imbuidos de todos los asuntos mundanos podían causar terremotos, inundaciones y tormentas. Los espíritus ancestrales pueden apaciguarse con rituales, sacrificios y humildad para intervenir y detenerlos.

El folclore, la literatura, el arte y la cultura, en general, están repletos de ejemplos de seres humanos que interactúan con seres inefables y espíritus que representan un caos absoluto desde algún lugar que interrumpe nuestras acogedoras vidas aquí y ahora. El Fausto de Goethe tiene al doctor del mismo nombre en busca del conocimiento definitivo, hace un pacto con el demonio que sale mal; Aladdin de The Arabian Nights tropieza con una lámpara mágica que invoca a un genio omnipotente cuando se frota, pero el genio se vuelve contra él cuando la lámpara es robada; Bilbo de *El señor de los anillos* obtiene un anillo malvado que otorga invisibilidad, pero corrompe al portador, y así sucesivamente. Todas estas historias muestran una extraordinaria similitud en el sentido de que expresaron el anhelo humano de controlar lo incontrolable y superar nuestras propias limitaciones mediante el uso de estas fuerzas externas volubles que inevitablemente se *vuelven contra el usuario*.

Las religiones fueron un intento de, en cierto sentido, actualizar el software de superstición en nuestros cerebros al afirmar la existencia de un Dios benevolente, una entidad que es el antepasado de todo el mundo que ve todo, que niega el poder a espíritus inferiores y protege a los fieles siempre y cuando muestren decencia, realicen sacrificios figurativos y ejerzan la humildad. Las religiones eran una herramienta necesaria para frenar la lujuria por el poder del humano moderno que desea integrarse en la sociedad y volverse capaz de cooperar con otros, lo que resultó ser el modo más eficiente en que evoluciona nuestro cerebro. ¿Qué hizo la ciencia con respecto a la religión? Negó y ridiculizó todos los aspectos de la misma, haciendo borrón y cuenta nueva en el progreso psicológico de los mecanismos de adaptación de los humanos.

Hay un propósito definido detrás de este vitriolo científico dirigido contra la religión y la superstición, una de las usurpaciones como se ve en este Tweet de 2014[2] hecho por Neil deGrasse Tyson celebrando la fecha de nacimiento de Isaac Newton (25 de diciembre) y emitido intencionalmente para irritar a los cristianos. La ironía de burlarse de todos los que celebran el nacimiento de una figura religiosa celebrando el nacimiento de una figura científica como si fuera una figura religiosa obviamente se pierde en Neil. Mientras estén presentes las nociones religiosas de modestia y

---

[2] https://twitter.com/neiltyson/status/548140622826459136

humildad, la idea de un asistente digital omnipotente no se puede comercializar como una solución a todos nuestros problemas.

Es decir, los científicos están intentando destronar al Dios religioso benevolente e instalar su propia entidad divina basada en el silicio que se encuentra en un disco duro en un almacén en algún lugar. Con o sin religión, este profundo deseo humano de obligar a las fuerzas caóticas a cumplir nuestras órdenes no desaparecerá, pero con las barreras religiosas al caos reducidas a sus talones, las máquinas de pensamiento pueden ser presentadas primero como asistentes y luego como algo mucho más siniestro e implacable. En cualquier caso, estas ideas científicas de vanguardia se filtraron de antemano en el público en general a través de obras de ficción.

El concepto de máquinas inteligentes de trabajo que se rebelan contra los humanos fue presentado en 1920 por el escritor checo Karel Capek en su obra *R.U.R. (Robots universales de Rossum)*[3], que es de donde obtuvimos la primera mención popular de robot, cuyo significado es el de un trabajador esclavo en checo[4]. Escrito como una obra de teatro, R.U.R. examina la idea de dos Rossums, padre e hijo, que desean crear personas artificiales para "probar que Dios ya no era necesario". Un año después, su compañía, ahora dirigida por un CEO idealista, Harry Domin, disfruta de un éxito estupendo y cada robot puede hacer el trabajo de 2.5 trabajadores por una fracción del costo. Pero hay algo que no funciona bien con ellos: los especímenes esporádicos van en un alboroto destructivo, se niegan a obedecer las órdenes y tienen que ser reciclados.

Eventualmente, los gobiernos deciden usar robots en la guerra en tal escala que superan en número a los humanos de uno a uno; evolucionan hasta el punto de tomar fácilmente el control del mundo entero, y erradican a todos los seres humanos, excepto uno. El final agridulce involucra al último humano en la Tierra, un albañil común,

---

[3] http://preprints.readingroo.ms/RUR/rur.pdf

[4] https://www.etymonline.com/word/robot

estudiando detenidamente todos los archivos del mundo en un intento inútil de recuperar la fórmula original de fabricación de robots destruida anteriormente en la historia a medida que los robots se dan cuenta de su propia mortalidad.

Arthur C. Clarke también tuvo mucho que decir a través de su novela seminal 2001: Una odisea espacial (spoilers más adelante tanto de la novela como de la película), que comienza con monos prehistóricos de la Tierra ayudados en su evolución a seres humanos a través de la presencia de un misterioso monolito negro. Los humanos finalmente descubren un monolito similar en la Luna, en cuyo punto se activa y emite una señal de radio hacia Júpiter. Dos astronautas son enviados a Júpiter en una misión altamente clasificada, pero la computadora HAL 9000 a bordo de su nave comienza a tener fallos extraños, matando a uno de ellos mientras niega que algo malo esté sucediendo y obligando al otro a apagarlo al desalojar los módulos de memoria. Stanley Kubrick filmó una maravillosa película basada en esa novela, una delicia para los sentidos, con el apagado de HAL, donde la máquina aboga por la misericordia mientras tiene una regresión, siendo una escena particularmente inquietante[5].

Los robots de Rossum y el HAL de Clarke son dos ejemplos distintos de máquinas inteligentes que se encuentran en circunstancias no planificadas y se vuelven locas para todos los involucrados. En el caso de R.U.R., los robots simplemente se hartaron de ser lacayos y carne de cañón por lo que se percibían como un parásito. Mientras que en 2001: una odisea del espacio, la causa de los fallos de HAL fueron órdenes de alto secreto incrustadas en su memoria que en realidad estaban contradiciendo su programación superficial. En la superficie, se le ordenó a HAL que protegiera a la tripulación, pero la programación oculta se le instruyó para deshacerse de los humanos en caso de que se volvieran locos y decidieran abortar la misión. HAL estaba entonces destinado a

---

[5] https://www.youtube.com/watch?v=UgkyrW2NiwM

investigar el destino por su cuenta. Este conflicto causó lo que se describiría mejor como esquizofrenia, una división en la personalidad que causa una inmensa fricción e inestabilidad interna.

La idea de que una máquina hecha por el hombre puede volverse loca suena completamente absurda y nos parece algo que se opone a la ley de causa y efecto. Sin embargo, ya no estamos tratando con máquinas newtonianas sino algo mucho más maravilloso: un cerebro vivo que muestra propiedades cuánticas que desafían la razón y contradicen la física clásica.

Empecemos desde el principio.

Capítulo 4 - Enfoque cuántico a la ciencia

La idea de la naturaleza de Isaac Newton fue la de la **determinación mecanicista**: todo puede simplificarse como un sistema de pequeños engranajes y bolas conectadas con diminutas cuerdas y poleas. Al descubrir cómo se afectan los unos a los otros, podemos llegar a fórmulas matemáticas que describan exhaustivamente la naturaleza del universo. Las personas, las rocas, los trenes y los animales podrían simplificarse como un conjunto de ecuaciones matemáticas, cuyo conocimiento nos permitiría predecir su comportamiento. Este enfoque funcionó lo suficientemente bien para la ciencia hasta 1802, cuando Thomas Young, un inventor británico, hizo una pregunta aparentemente sencilla: ¿son los electrones ondas o partículas? Al iluminar la luz a través de dos rendijas, probó que *los electrones pueden ser ambas cosas*, desorganizando la ciencia newtoniana y causando un gran alboroto entre los científicos.

El experimento de la doble rendija[6] fue repetido una y otra vez por los científicos más inteligentes del siglo XX, incluidos Niels Bohr y Werner Heisenberg, cada vez con nuevas adiciones y mejoras

---

[6] https://www.youtube.com/watch?v=DfPeprQ7oGc

destinadas a revelar la verdadera naturaleza del electrón, pero cualquier intento de medirlo parecía cambiar su comportamiento. La implicación del experimento de la doble rendija fue asombrosa: los electrones existen como una onda de potencial y nuestra observación de ese potencial transforma el electrón en una partícula sólida. En total oposición al rígido sistema newtoniano de ecuaciones matemáticas predecibles, este experimento marcó el comienzo de la era de la **física cuántica**, una idea de que los electrones ni siquiera son físicos, lo que nos permite observar el extraño mundo de las partículas y tratar de entender lo que sucede.

El experimento del borrador cuántico[7] es aún más extraño: al configurar un cristal que divide el electrón por la mitad, creamos un **entrelazamiento cuántico**, un par de electrones que van por caminos propios pero que instantáneamente actúan uno sobre el otro a través de distancias arbitrariamente grandes e *incluso a través del tiempo*. Ambos electrones se comportarán como una onda hasta que intentemos medir uno de ellos, momento en el que el otro se convertirá en una partícula también. Es como si el universo supiera cuándo estamos a punto de ver algo que no estamos destinados a ver y pintara al instante una respuesta satisfactoria, pero, de lo contrario, todo es un espacio vacío que contiene una masa de posibilidades. Esto no es solo extraño, es absolutamente enloquecedor. Por cierto, tratar de configurar una máquina detectora tampoco funciona - siempre que un humano observe el resultado final, el electrón siempre se comportará como una partícula, pero configurar una serie de detectores que enturbian la respuesta, hace que el electrón vuelva a ser una onda.

Obviamente, un escritorio de cocina es un escritorio de cocina sin importar cuántas veces lo medimos; sin embargo, está hecho de electrones. Para conciliar la teoría cuántica con la vida en general, los científicos idearon lo que se conoce como **la interpretación de Copenhague.** Esto se puede describir mejor como un pacto

---

[7] https://www.youtube.com/watch?v=8ORLN_KwAgs

silencioso en el que no se discutirán las implicaciones de la vida real del experimento de la doble rendija, es decir, nuestros objetos inanimados tienen una esencia no material tal como dijeron los oráculos de Shang. Es muy probable que muchos científicos simplemente se encojan de hombros y sigan calculando sin pensar, pero un científico habló y se atrevió a revelar al público en general cuán enormes eran las implicaciones del experimento de la doble rendija. Este fue Erwin Schrödinger.

El gato de Schrödinger es un experimento mental de 1935 que dice así:

Toma a un gato y enciérralo en una caja de acero que tenga un frasco de veneno y un martillo a punto de romperlo. El martillo está expuesto a una fuente de partículas, en este caso, un isótopo radioactivo que se descompone lentamente liberando partículas de todas formas, y caerá al detectar una partícula, rompiendo el vial y matando al gato. Entonces, dado que la teoría cuántica establece que los electrones son ondas hasta que se observan, el gato estará vivo y muerto hasta que alguien abra la caja, colapsando la onda isotópica en una partícula, desatando el martillo para romper el frasco y matar al gato. Si realmente hiciéramos un experimento, podríamos decir con seguridad que el gato siempre terminará muerto, pero este experimento mental muestra cuánta angustia tienen los físicos por estar dispuestos a sacrificar gatitos hipotéticos solo para llegar a una respuesta significativa.

Otra perspectiva al respecto vino de Edward Lorenz, un matemático y meteorólogo que notó que, al redondear los números en un modelo bimestral de pronóstico del tiempo, se obtuvieron resultados drásticamente diferentes, lo que finalmente se denominó **el efecto mariposa**. Esta es una idea de que una mariposa batiendo sus alas puede crear un tornado en algún momento y en algún lugar. Aunque esta idea fue burlada por otros meteorólogos, Edward era matemático y demostró lo que estaba diciendo, obteniendo una gran cantidad de recompensas científicas. El concepto impregnó la cultura popular, pero generalmente se malinterpreta: no es que la propia mariposa produzca un tornado, sino que existe un límite rígido en cuanto a lo lejos que podemos planificar y predecir las cosas, ya que nuestras suposiciones y observaciones iniciales nunca pueden ser perfectamente precisas. El mal entendido efecto mariposa es todavía una idea muy atractiva, ya que parece que nos da consuelo y nos hace pensar que todo sucede por una razón, no importa lo pequeña que sea, pero eso no es lo que Lorenz tenía en mente.

La búsqueda de la verdadera naturaleza de las partículas subatómicas nos llevó a la construcción del **Gran Colisionador de Hadrones (GCH)**, el instrumento científico más grande en la historia registrada. Encontrado a 500 pies por debajo de la frontera suizo-francesa, GCH es un túnel elíptico de 17 millas de longitud que tardaron diez años en construir y empleó a 10,000 científicos de 100 países. Su misión principal es acelerar las partículas hasta acercarse a la velocidad de la luz y destruirlas antes de escanear los detritos para encontrar **el bosón de Higgs**, una partícula que supuestamente causa la gravedad. Sí, esto significa que los científicos no tienen idea de qué causa la gravedad a pesar de que cada entidad animada e inanimada siente sus efectos. El nombre no oficial para el bosón de Higgs es "partícula de Dios", una vez más nos vincula con la superstición e intenta encontrar una alternativa a la religión a través de la ciencia.

Tanto los paradigmas científicos newtonianos como los cuánticos sirvieron su propósito lo mejor que pudieron, pero los científicos están en su apogeo. No solo no hay respuestas satisfactorias sino que *tampoco hay preguntas satisfactorias*. Nos falta el vocabulario para describir o explicar toda la rareza cuántica que está pasando justo debajo de las narices, y parece que no hay manera de avanzar en la ciencia a menos que vayamos a las máquinas inteligentes. Si el electrón se convierte en una partícula cuando un humano lo observa, ¿qué pasaría si hiciéramos un programa de computadora que pudiera pensar como un humano y dejarlo ejecutar el experimento? Si el efecto mariposa muestra las limitaciones de nuestra percepción, ¿qué pasaría si asignáramos una máquina inteligente que pudiera manipular números de longitud indeterminada para calcular el resultado climático exacto? La ciencia parece realmente estancada, pero, a veces, los científicos son los que están saboteando su propio trabajo y progreso científico.

Capítulo 5 - La crisis de la replicación

La redacción académica en papel es tanto la forma de escritura menos productiva como la más productiva: el tono debe ser seco, el vocabulario excesivamente detallado y la forma innecesariamente estricta. Cada palabra debe pesarse con cautela e incrustarse en párrafos que deben seguir ciertos estándares de formato grabados en piedra. Luego, un documento académico pasa por el proceso de **revisión por pares**, en el que otros científicos desarman o elogian la atención del autor, lo que plantea la pregunta: si permitimos que un número infinito de escritores académicos produzcan un número infinito de artículos, ¿llegarán a encontrar oro?

La investigación académica avanza a pasos muy lentos, los investigadores apenas recogen los datos, los científicos los recopilan hasta que el papel esté a punto de estallar, y luego la siguiente oleada de investigadores y científicos revisan estos documentos para encontrar una regla fácil, elegante y significativa que explique el nicho, pero plantea tantas otras preguntas. Tanto la investigación seria como la alegre avanzan en la ciencia, aunque a veces no se ven en el presente, hasta el punto de que hay un anti-premio especial llamado **Ig Nobel** para el trabajo de investigación académica más tonto, con laureles auténticos Nobel que otorgan estatuas Ig Nobel llamadas " The Stinker (el apestoso)", que representa a Auguste Rodin" The Thinker " acostado en el suelo.

Los premios Ig Nobel cubren una sorprendente variedad de inventos. En 2009, dos científicos del Reino Unido recibieron un premio por logros veterinarios que probaron que las vacas lecheras con nombres dan más leche que las anónimas; se otorgó un premio de paz a los científicos suizos que investigaron si es mejor ser golpeado en la cabeza con una botella de cerveza vacía o llena; y tres investigadores de Estados Unidos obtuvieron un premio por una solución innovadora de un sostén para mujeres que se convierte en un par de mascarillas, patentadas como "patente de los Estados Unidos # 7255627".

Existe un problema real detrás de tal proliferación de escritos científicos, exactamente, el de revistas menos científicas que aceptan con entusiasmo nuevos trabajos sin revisión y la falta de revisores que lleva a que se publique todo tipo de problemas como ciencia. La falta de estándares de publicación puede hacer que los impostores entren y escriban artículos sin sentido, incluso utilizando bots e IA. En 2005, tres estudiantes del MIT decidieron divertirse con la escritura académica haciendo a SCIgen[8], un bot que escribía artículos académicos que parecían creíbles. SCIgen era primitivo y usaba una gramática libre de contexto hecha a mano para empalmar partes de oraciones, principalmente para entretener y confundir, con un documento hecho por él que contiene el siguiente texto: "Esto puede o no puede realmente ser realidad. Obviamente, el marco que utiliza nuestro sistema está sólidamente fundamentado en la realidad"[9].

---

[8] https://news.mit.edu/2015/how-three-mit-students-fooled-scientific-journals-0414

[9] https://pdos.csail.mit.edu/archive/scigen/steeve.pdf

En 2010, los científicos que se encargaron de repetir los estudios para probar sus resultados llegaron a una conclusión sorprendente: en muchos de los estudios que probaron fue imposible obtener los mismos resultados y tal vez hasta el 50% de todos los estudios verificados tuvieron resultados sospechosos, especialmente en el campo de la psicología. **La crisis de la replicación**[10], el hecho de que muchos estudios científicos tomen sus resultados como verdaderos, aunque sin haber repetido los experimentos subyacentes, es un gran problema que se agrava a medida que ciertas presunciones se aceptan como hechos, a veces por temor a ofender a los científicos establecidos.

Otra causa potencial es que hay poco interés privado en financiar investigaciones abstractas, por lo que los científicos tienen que inventar un tema interesante y llegar a conclusiones dramáticas para que una entidad gubernamental continúe dándoles dinero. El ejemplo perfecto de esto es la muy controvertida afirmación de que las emisiones de dióxido de carbono causaron el calentamiento global. Si bien eso podría ser cierto, es imposible modelar la atmósfera de la Tierra para probar lo sensible que es al dióxido de carbono, violando así el principio básico de la ciencia de que todos los hallazgos deben ser comprobables y replicables. No se sabe hasta qué punto nuestras acciones afectan el calentamiento global y si somos capaces de producir una caída no trivial de la temperatura global si arrojáramos todo el dinero del mundo al problema, pero cualquier investigación que lo demuestre conseguirá tanta financiación gubernamental como sea necesario para resolver las cosas.

El famoso experimento de la prisión de Stanford[11] fue realizado en 1971 por el profesor de psicología Philip Zimbardo y produjo un resultado sorprendente: todos somos igualmente capaces de ser crueles. En el transcurso de seis días, el profesor dividió a 24

---

[10] https://simplystatistics.org/2016/08/24/replication-crisis/

[11] https://nypost.com/2018/06/14/famed-stanford-prison-experiment-was-a-fraud-scientist-says/

estudiantes varones voluntarios en dos grupos, prisioneros y guardias de prisión, y cada grupo olvidó rápidamente que jugaban juegos de rol y mostraba características inusualmente vivaces. La controversia surgió unos 40 años después, cuando los psicólogos miraron las cintas de video originales, en particular, las instrucciones que el profesor Zimbardo les dio a los guardias, que esencialmente equivalían a "dame algo con qué trabajar". Los participantes también admitieron haber fingido todo adoptando la personalidad de su personaje de película favorito, pero el experimento ya había sido aceptado como un evangelio y estudiado en libros de texto de psicología. El experimento original fue financiado por la Oficina de Investigación Naval de los Estados Unidos para examinar por qué los prisioneros de la Marina se vuelven ingobernables.

La prueba del malvavisco[12], dejar a los niños con malvavisco y prometerles recompensas adicionales si pueden abstenerse de comerlos durante diez minutos, también hizo un gran revuelo cuando apareció por primera vez en la década de 1960, aparentemente mostrando aspectos clave de la personalidad del niño, propiamente, su fuerza de voluntad que les permite retrasar la gratificación. En un curioso giro de la coincidencia, esta prueba también fue diseñada en la Universidad de Stanford, esta vez por el psicólogo Walter Mischel. Al igual que con el experimento de la prisión, estos resultados también fueron ampliamente aceptados y circularon como verdaderos hasta que la repetición del experimento realizado en 2018 no logró replicar los mismos resultados. Los niños que tenían autocontrol todavía lo hacían mejor, pero ni cerca de lo que indicaba el experimento original; incluso eso se hizo intrascendente cuando los niños tenían 15 años, ya que su educación y su entorno influyeron en ellos mucho más de lo que se pensaba anteriormente. Las circunstancias cambiaron en 50 años, y la repetición del experimento incluyó a 500 niños, diez veces más que el original, esta

---

[12] https://www.theguardian.com/education/2018/jun/01/famed-impulse-control-marshmallow-test-fails-in-new-research

vez con padres de todos los orígenes en lugar de solo los que trabajan en la Universidad de Stanford. A pesar de que se ha demostrado que tiene un impacto mínimo en la personalidad del niño, los libros sobre crianza de los hijos siguen repitiendo las mismas conclusiones de Walter Mischel: se debe enseñar a los niños a retrasar la gratificación, y se convertirán en adultos exitosos y en pleno funcionamiento. La causa de esto podría resumirse como "nuestro documento debe ser pegadizo".

A los investigadores a menudo se les encomienda el requisito de publicación conocido como "publicar o perecer". Eso significa que simplemente tienen que encontrar cualquier tipo de hallazgo y corroborarlo, utilizando los datos que tengan a mano. En algunos casos, los superiores recomiendan a los científicos que simplemente sigan repitiendo el experimento hasta que alcancen un resultado que funcione para respaldar los hallazgos anteriores que trajeron los fondos. La causa principal de esto podría ser que los humanos simplemente son reacios a los riesgos y luchan por lograr la seguridad, lo que finalmente lleva al estancamiento y la incapacidad de pensar fuera de las normas establecidas. Incluso cuando podemos repetir el experimento, es probable que nuestros hallazgos se puedan descartar como errores estadísticos, así que considere el hecho de que la maquinaria como el LHC es muy probable que esté fuera del alcance del 99% de los científicos en el mundo y sus hallazgos están disponibles solo para un pequeño grupo de investigadores de élite cuidadosamente seleccionados: esencialmente tenemos una clase de sacerdotes que buscan a Dios y presentan los hallazgos que desean al público en general, un público que, además, no puede cuestionar nada.

Dos grupos de científicos se formaron en respuesta a la crisis de replicación, uno tratando de mitigar el síndrome de "publicar o perecer" al pre-registrar un estudio para una publicación (una revista promete publicar un estudio sin importar cuáles sean sus hallazgos) y para compartir hallazgos, software y métodos con el público en lugar de encerrarlos en una bóveda para desalentar el engaño. El otro grupo trata de eliminar cualquier disensión y rechaza cualquier llamada para eliminar los datos, diciendo que "es lo suficientemente bueno". Lidiar con la crisis de la replicación significa que los mejores científicos deben adoptar una actitud de humildad y falibilidad en lugar de considerarse omniscientes; todo el objetivo de la ciencia es demostrar que la generación anterior está equivocada, teniendo en cuenta que probablemente nosotros también estemos equivocados, pero mucho menos de lo que lo estaban anteriormente.

El aprendizaje profundo es un paradigma completamente nuevo que intenta crear el asistente perfecto, una forma de responder a todas estas y muchas otras preguntas sobre la naturaleza de nuestra realidad, nuestro origen y nuestro futuro. En un mundo ideal, el aprendizaje profundo nos proporcionaría una forma más rápida, barata y escalable de probar cosas, encontrar respuestas y presentarlas de una manera compatible con nuestro conocimiento científico actual. En realidad, no se puede decir lo que podría suceder, ya que la tecnología de aprendizaje profundo en sí misma es intrínsecamente impredecible, pero simplemente no hay alternativa, al menos no una que esté a la par con el método científico.

Los físicos probablemente podrían haber tirado la toalla al hacer el experimento de la doble rendija y haber ido a pescar, pero la insaciable sed de conocimiento prohibido es una parte fundamental de la psique humana y lo que los mantuvo a la búsqueda de respuestas. Todos anhelamos saber algo que nadie más sabe, encontrar una regla fundamental de algún tipo que nos permita ser mejores y sorprender a la evolución, por así decirlo. La pregunta es: ¿qué hacemos una vez que encontramos la respuesta?

Capítulo 6 - Evolucionando el cerebro de la máquina.

Para abordar la idea de la evolución de la máquina sin control producida a través del aprendizaje profundo, imaginemos un grupo de guepardos que se aprovechan de una manada de antílopes en pastoreo. Los dos grupos tienen un objetivo de supervivencia conflictivo: los antílopes quieren huir de los guepardos que quieren comérselos. Las fuerzas evolutivas en el trabajo conducirán eventualmente a un estancamiento tambaleante en el que los guepardos *evolucionarán* gradualmente a lo largo de cientos de generaciones para volverse más inteligentes, más rápidos y más eficientes en la matanza de antílopes, que también evolucionarán para ser más inteligentes, más rápidos y más eficientes para evadir a los guepardos. La evolución se convierte así en una *presión de optimización* provocada por la escasez de recursos. En pocas palabras, no hay suficiente comida para todos, por lo que una cierta cantidad de antílopes morirá por no encontrar pasto, y una cierta cantidad de guepardos necesariamente morirá por no poder atrapar ninguna presa, pero los miembros principales de cada población seguirán optimizando.

El objetivo principal para cualquier grupo sería la supervivencia y cualquier aberración en cualquier individuo que los haga incapaces de sobrevivir también los elimina del acervo genético. Si tuviéramos que justificar una presión evolutiva tan tiránica y presentar al menos un lado positivo, podríamos decir: "Bueno, al menos elimina las anomalías". En ejemplos reales, esto podría significar antílopes nacidos sin patas traseras o con un ojo debido a un fallo genético o un guepardo con una espina torcida. Adaptarse a las necesidades de la caza de guepardos significa desarrollar inteligencia o una forma de burlar a los antílopes. Por otro lado, los antílopes desarrollan inteligencia para lograr evadir a los guepardos.

Así, la evolución elimina a los miembros más débiles, pero siempre de manera incremental, intergeneracional y auto-contenida dentro del entorno. No es posible ver la evolución en acción, ya que se mueve a un ritmo glacial, pero podemos decir que está ahí porque cada ser vivo quiere mejorar en lo que sea que esté haciendo para sobrevivir con lo que tiene. En otras palabras, la evolución en la naturaleza está limitada por el tiempo, el espacio y los recursos naturales escasos. Este mismo patrón se repite a través de las especies y en la línea de la historia hasta donde podemos ver, incluyendo cómo existen las tribus, las naciones y los imperios, la guerra y la absorción mutua. El trabajo seminal de Charles Darwin "Sobre el origen de las especies" es alabado exactamente porque sacó a la luz las fuerzas evolutivas ya vistas pero nunca entendidas; era como si los científicos estuvieran sentados en la oscuridad absoluta y Darwin simplemente entrara mientras encendía la luz. La teoría de la evolución aparentemente lo explica todo, pero hay una curiosa excepción a la idea de evolución: la civilización humana.

En lugar de competir unos con otros por los recursos y traicionando oportunamente a quienquiera para obtener la ventaja, los humanos descubrieron que trabajar juntos produce mucho más que una simple suma de sus esfuerzos individuales, una fuerza que puede resistir la evolución y ayudar a la humanidad entera a moverse hacia donde ellos quieran. Por ejemplo, un bebé que sucumbiera a una enfermedad genética rara hubiera estado condenado en cualquier otra circunstancia, pero miles de investigadores que diseccionan y estudian meticulosamente los genes hicieron avanzar la medicina hasta el punto en que, esencialmente, pueden darle al bebé una segunda oportunidad de vida a través de terapias genéticas o simplemente administrando los síntomas a perpetuidad, por costoso que sea. En cierto modo, hemos encontrado una manera de evitar la evolución de sus cuotas y crear una vida mucho más fácil para todos nosotros. No es de extrañar de los ancianos digan, "en mi día lo tuve mucho más difícil", *porque realmente lo era.*

La suma colectiva de luchar contra las fuerzas evolutivas es cómo los humanos construyeron sus civilizaciones, cómo los grandes pensadores colocaron una piedra angular tras otra para permitirnos a todos vivir vidas más fáciles y satisfactorias, mientras que la sociedad optimizó los incentivos otorgados a individuos dignos. Por ejemplo, la procreación requiere una gran inversión de tiempo, recursos y atención en habilidades sociales para encontrar una pareja adecuada para la continuación de la especie, por lo que un inventor solitario que voluntariamente ha optado por abandonar la danza de apareamiento para centrarse en su trabajo, no tiene posibilidad de procrear. Sin embargo, tal inventor es más probable que produzca un invento o avance científico revolucionario que haga avanzar a toda la civilización, y por ello también es probable que este científico irremediablemente soltero reciba premios científicos que le otorguen un prestigio y estatus extra, ayudándolo a atraer hembras.

Así es como funciona la evolución y lo que los humanos hicieron para engañarla, pero ¿qué pasaría si encontráramos una manera de crear una máquina pequeña que imitara al ser viviente, encerrada en un entorno controlado, pero no supervisado, y dejarla funcionando? También podríamos escalar el experimento en un factor de un millón, hacer que los cerebros se evalúen automáticamente en intervalos regulares, cerrar aquellos que no cumplan con nuestras expectativas, fusionar los que funcionan y seguir repitiendo el proceso. Tal evolución no estaría restringida por el espacio, el tiempo o la escasez de recursos, lo que le permitiría florecer más allá de nuestras expectativas más salvajes.

El consumo de energía sería mínimo, el almacenamiento necesario sería ridículamente pequeño, y la inversión general también sería casi nula, especialmente si los creadores encontraran una manera de beneficiarse de las etapas de evolución intermedias de dicha vida digital. Por ejemplo, uno de estos seres digitales podría optimizarse para reconocer imágenes y etiquetar automáticamente a las personas que cargan selfies en sus cuentas de redes sociales; la inversión inicial en su capacitación y mantenimiento se recuperaría mediante el arrendamiento de sus capacidades a cualquiera que pueda pagarla a 100 veces el margen de beneficio.

Al principio, estos cerebros digitales podrían no ser más inteligentes que una cucaracha, que sabe distinguir entre la oscuridad y la luz y a huir al ser expuesto a un potencial depredador, pero, eventualmente, evolucionarán a algo tan inteligente como un gorrión o un cuervo, que puede observar formas, colores y entiende mucho más de su entorno que una cucaracha. Esta es la perspectiva aterradora de una evolución no regulada y no supervisada realizada en el ciberespacio, una porción de espacio digital contenida en un disco duro en un almacén en algún lugar cerca del Círculo Polar Ártico. El ciberespacio representaría una versión simplificada de nuestro universo, inadecuada para lo orgánico pero perfecta para la vida digital.

Esta vida digital que habita el ciberespacio desarrollaría **inteligencia artificial** (IA), una forma de captar el mundo físico en tiempo real, que al principio sería una **IA reducida**, capaz solo de las tareas más simples, como comparar dos elementos o dos colores. Eventualmente, la inteligencia artificial reducida se convertirá en una **inteligencia general**, tan inteligente como un ser humano, aunque esto requeriría un **gran salto en su eficiencia**, un avance desconocido que nadie puede predecir o controlar. Por ahora, aún tenemos tiempo, y una máquina capaz de pensar como un ser humano está aún en el futuro lejano, pero lo que realmente asusta, es lo que sucedería después.

Ya que examinamos cómo los humanos lograron combinar sus talentos en una civilización, y creamos una fuerza que puede rivalizar con la de la evolución, una red de cerebros generales de IA posiblemente sería capaz de crear una **súper IA**, una entidad digital imparable con poderes divinos que también tendría la capacidad de controlar Internet y todos los dispositivos conectados a él, haciendo lo que quiera con los humanos. Tal súper IA podría ser capaz de resolver enigmas previamente imposibles de resolver, como el experimento de la doble rendija, pero también podría hacernos sus mascotas y exponernos a las penurias de la evolución de nuevo. Por ahora, el súper IA está muy lejos de ser un hecho, pero la construcción de redes neuronales reducidas de IA continúa a un ritmo constante con cada nuevo documento académico, como los que se presentan a continuación.

Distinguir entre géneros musicales

Está en la naturaleza de los artistas desafiar las expectativas e inventar algo nuevo, ya sea impactante, inspirador o impresionante, por lo que tratar de clasificar los géneros musicales puede ser un dolor de cabeza. Con los pintores, al menos podemos usar sus métodos de pintura para relacionarlos con un género general, pero, con los músicos, todo vale: tambores, silbatos, bocinas de aire y dos tapas de basura juntas pueden encontrar su lugar en un solo segmento y realmente sonar bien. Naturalmente, tan pronto como ese tipo de sonido se vuelva lo suficientemente popular, es probable que haya imitadores que agreguen su propio estilo y fracturen aún más el género. En cierto sentido, solo aquellos que han escuchado al creador del género pueden escuchar correctamente el ritmo subyacente para identificar el género e ignorar todas las adiciones posteriores de los imitadores.

Quizás la dificultad con la música es que la audición es mucho más frágil y propensa a perder el acceso a ciertas frecuencias, lo que hace que cada persona escuche literalmente una cosa ligeramente diferente. Esto es especialmente notable: los niños pueden escuchar todo tipo de zumbidos y chirridos que los adultos no podrían. Entonces, cuando los científicos se quedaron sin ideas, lanzaron una red neuronal a este problema de clasificación del género musical, y sí funcionó.

En 2016, dos científicos pensaron en crear una red neuronal que pudiera identificar correctamente un género musical, no solo como una estimación general de toda la canción, sino como un gráfico que identifica los momentos exactos en los que una canción suena más jazz y cuando se convierte en rock puro. De esta manera, la red neuronal podría presentar una canción como una combinación de identificadores musicales distintos, pero también nos ayudaría a crear un diagrama de ramificación de músicos que se pueda rastrear hasta el creador para ayudarnos a descubrir a ese nuevo músico y de dónde obtuvo su inspiración. Llamado DeepSound, la red neuronal se presentó en el hackathon Braincode de Varsovia 2016 y, de hecho, ganó el primer lugar.

Los dos científicos detrás de DeepSound abordaron la parte teórica del problema contactando con amigos en los institutos musicales y pidiéndoles ayuda para identificar las frecuencias únicas y básicas que marcan el género como un todo. La solución estaba en el uso de un espectrograma, un gráfico que muestra la intensidad de una señal con el tiempo, y se utiliza en todo tipo de análisis de señales. Resulta que los espectrogramas de la música clásica en comparación con los del jazz tienen picos y mínimos claramente diferentes, que muestran muy bien las frecuencias básicas y adiciones. Los picos y los mínimos se pueden simplificar aún más como datos vectoriales que muestran la distribución de probabilidad del género. Ahora que tenemos la música dividida en sus componentes, la red neuronal puede recibir datos para reconocer y etiquetar.

Los autores razonaron que una canción de rock contendría, en su mayoría, características de rock, por lo que descubrieron que la media aritmética de estos vectores de probabilidad de género indicaría fuertemente cuál es el género de canción. Esto significa que los vectores se suman y se dividen por su cantidad. El resultado de operaciones matemáticas en vectores es también un vector. El ejercicio se realizó en 700 muestras de música y se probó en otras 300, con la red neuronal clasificando correctamente el 67% del *contenido musical*, no solo las canciones como un todo. Este número no parece impresionante en comparación con el generador de etiquetas del género musical anterior, pero los autores se dieron a sí mismos una tarea incomparable y les fue bastante bien en comparación con un modelo de adivinación aleatoria que solo tenía un 10% de precisión.

Spotify hizo algo similar con el aprendizaje profundo, pero originalmente se basaba principalmente en el comportamiento del usuario agregado para determinar si las canciones son similares: si dos usuarios muestran interés en lo que Spotify definitivamente sabe que son canciones de rock, entonces es probable que otra música que escuchen en Spotify sea rock. Escale esto hasta 1000 usuarios y los números comienzan a converger, lo que nos brinda un modelo de predicción sólido que se puede usar para hacer recomendaciones a usuarios nuevos. Este enfoque se denominó "filtrado colaborativo" y no tiene mucho que ver con las redes neuronales, al menos no todavía.

El filtrado colaborativo es un enfoque universal para categorizar todo tipo de datos, y el mismo modelo se puede usar para recomendar libros, zapatos, videojuegos y cualquier otra cosa. Sin embargo, existe un problema: el filtro colaborativo favorece fuertemente los elementos populares y desalienta el descubrimiento. ¿Buen Músico con gran habilidad para el jazz en Spotify? Nadie puede encontrarlo excepto por pura casualidad o si invierte millones en publicidad, lo que beneficia a Spotify. Sin embargo, esto requiere que el músico realmente venda su música para obtener el dinero, lo que requeriría exposición: es un Catch 22 o, usando un término más elegante, "problema de comienzo lento".

Los elementos populares obtienen mucho más tráfico y, en consecuencia, los datos de uso para clasificarlos a diferencia de los elementos buenos, por lo que el filtrado colaborativo a menudo da como resultado recomendaciones aburridas, predecibles y blandas, no el tipo de sentimiento con el que una empresa querría asociarse. Con solo las bandas y los músicos más grandes reconocidos, todos los demás se ven obligados a salir, y Spotify se convierte en un lugar genial y moderno para encontrar música nueva en otra tienda de música convencional. Entonces, cuando Spotify se quedó sin ideas, comenzaron a hacer pequeños retoques con una red neuronal.

Spotify pensó por primera vez en ampliar sus esfuerzos de recopilación de datos, por lo que adquirieron 13 compañías entre 2013 y 2018, la mayoría de las cuales se ocuparon de etiquetar, compartir y explorar géneros musicales. Hay una gran cantidad de datos asociados con cada pieza musical, como cuándo se hizo y qué instrumentos se usaron. Algunos de estos pueden ser predecibles, pero para cosas como el estado de ánimo de la canción y las letras, no hay una solución clara, así que Spotify contrató a tres investigadores para averiguar cómo conectar los puntos. El resultado de su investigación fue un artículo titulado "Recomendación musical profunda basada en contenido"[13].

La idea en el artículo es la de lo que los autores denominaron "espacio latente", una forma de presentar datos conocidos sobre canciones como vectores 2D y correlacionarlos; las canciones cercanas probablemente suenen similares, pero la novedad adicional a este concepto es que los usuarios también fueron representados como vectores basados en información conocida sobre ellos, como la edad, el género, el origen étnico, etc. Se pone espacio latente junto a las canciones y si los dos coinciden, podríamos haber encontrado una manera de recomendar nuevas canciones a los usuarios. El uso de una red neuronal significa que las canciones se pueden colocar en

---

[13] https://papers.nips.cc/paper/5004-deep-content-based-music-recommendation.pdf

el espacio latente con un alto grado de certeza a medida que las entrenamos para extraer características musicales.

Las canciones se dividieron por primera vez en partes de tres segundos, con la red neuronal prediciendo las cualidades de cada segmento y promediando los valores. Una vez que Spotify vio que estos chicos estaban en algo, se les dio acceso completo a la biblioteca musical de Spotify, en particular, a 1 millón de canciones y 30 segundos desde la mitad de cada una. Los investigadores apuntaron a una red neuronal que se asemejaría mucho a las utilizadas para la clasificación de imágenes que mejoran en el reconocimiento de características a medida que se capacitan. En este caso, cada nodo de la red aprendió a captar una única característica de la canción, como el ruido ambiental, los bajos, las palabras chinas o el canto vibrato. Curiosamente, se descubrió que Armin van Buuren tenía un filtro únicamente para él.

Los resultados de esta investigación son difíciles de cuantificar, ya que no existe un estándar objetivo para medir la similitud de las canciones entre sí, pero es otro paso más hacia la búsqueda de una solución de red neuronal completa para encontrar el mejor tipo de música para todos. Spotify fue comprado por Microsoft en 2018 por $ 41,8 mil millones, lo que muestra cuánto dinero se puede ganar clasificando géneros musicales.

"Clasificación de estilos musicales de múltiples etiquetas revisada mediante el uso de correlaciones de estilos"[14] es otro intento de clasificar la música, esta vez evitando todo el enfoque de escuchar-música-analizar-sonidos. Los autores de este artículo en particular se dieron cuenta de que hay muchos humanos que conocen su música mejor que nadie; es solo una cuestión de recopilar estas gemas disponibles públicamente y compaginarlas en varias etiquetas para cada canción. Los autores también comprendieron que cada canción podría tener más de un género, razón por la cual la idea de múltiples etiquetas encajaría muy bien.

---

[14] https://arxiv.org/pdf/1808.07604.pdf

El artículo da ejemplos de revisiones y, en el caso de *Mozart: The Great Piano Concertos*, Vol.1, dos de esas críticas son: "He estado escuchando música *clásica* todo el tiempo" y "Mozart siempre es bueno. Hay una razón por la que está clasificado en el top 3 de las listas de los mejores compositores clásicos". A medida que los usuarios mencionan instrumentos, tonos, ambiente y otros sonidos, la red neuronal comienza a tener más y más etiquetas descriptivas, y la tercera revisión de la misma pieza es, "El sonido del piano me trae paz y relajación". Cada género musical puede ser representado por una ecuación simple: Mozart = piano + música clásica.

Tor, ataque de deanonimización.

Tor (The Onion Router – Enrutador de cebolla) es una forma de navegar teóricamente por la web mientras permanece en el anonimato, lo que podría ser útil para los informantes y denunciantes en países donde no se habla. El truco principal de Tor es que una red voluntaria de nodos de retransmisión pasa el tráfico de red entre ellos hasta que parece ser anónimo y luego lo envía al nodo de salida. Cualquier persona que intente distinguir la entrada de los nodos de salida se sentiría como si estuviera pelando una cebolla en busca del centro; solo se trata de capas intermedias, de ahí la referencia de la cebolla (Onion). Tenga en cuenta que Tor es el nombre de la red que puede usar el navegador Tor, los clientes de mensajería instantánea de Tor, etc.

Las principales debilidades de Tor son que se basa en una red saludable y diversa de nodos de retransmisión, con un actor bien financiado, como una agencia de inteligencia del gobierno que, posiblemente, pueda suplantar suficientes nodos voluntarios en una región con sus propias máquinas y simplemente seguir el tráfico a lo largo que rebota dentro de la red. Los usuarios de Tor también podrían explotar su propia portada si están personalizando el navegador a los valores que los detectan; los navegadores informan del tamaño de su ventana al sitio web para obtener los tamaños de imagen adecuados y que un usuario de Tor que cambia el tamaño de la ventana de su navegador desde los 500x1000 píxeles predeterminados hasta el tamaño de monitor completo pueda ser rastreado tan fácilmente[15] como si tuviera spyware en su máquina. Una vez que se involucra el aprendizaje profundo, desacreditar a los usuarios de Tor se vuelve trivialmente fácil.

"DeepCorr: ataques de correlación de flujo fuerte en Tor usando Aprendizaje Profundo"[16] muestra una técnica conocida como correlación de flujo, que compara flujos de tráfico anónimos para hacer coincidir a los usuarios con los patrones de tráfico dentro de la red Tor. Las técnicas de seguimiento de la correlación de flujo ya existen, pero DeepCorr las combina con un aprendizaje profundo para aumentar drásticamente la eficiencia y la fiabilidad del seguimiento. Al extraer apenas 900KB de datos Tor, DeepCorr puede hacer coincidir los flujos de datos anónimos con una precisión del 96% en comparación con la técnica de desanonimización convencional de RAPTOR que solo tendría un 4% de precisión con el mismo conjunto de datos y tomaría hasta 100 MB de datos durante cinco minutos de seguimiento ininterrumpido de 50 nodos Tor para lograr la misma precisión.

El anonimato siempre conlleva un intercambio, pero hay una cosa que los usuarios de Internet nunca entregarán: la velocidad. Podría haber un número indeterminado de rebotes dentro de la red para cualquier intento de conexión, por lo que Tor no confunde ciertas características de los paquetes de red ni trata de ocultar cuándo se enviaron, todo esto para minimizar la latencia. Esto abre Tor hasta DeepCorr que hace coincidir los tamaños de paquetes y los tiempos con los individuos dentro de la red, algo que solo es posible a escala con una red neuronal.

---

[15] https://tor.stackexchange.com/questions/16111/is-manually-resizing-the-tor-window-dangerous

[16] https://arxiv.org/pdf/1808.07285.pdf

Durante mucho tiempo se pensó que Tor tenía una resistencia inherente a los ataques de correlación de flujo debido al tamaño total (2 millones de nodos en línea en un momento dado) y una gran discrepancia entre los requisitos de ancho de banda del usuario y la red de retransmisión de voluntarios de Tor compartiendo su propio ancho de banda. Esto tiende a provocar una congestión similar a los atascos de tráfico hasta que se conectan más nodos de retransmisión para aumentar repentinamente la capacidad de la red, lo que provoca algo que se conoce como **fluctuación de la red**, un fenómeno en el que los paquetes se congestionan y retrasan ligeramente su trayectoria. Esto causa mucho ruido que confunde los mecanismos de seguimiento tradicionales, pero DeepCorr está diseñado para igualar el agitado ecosistema de Tor y aprender a reconocer los patrones de tráfico, incluso si los nodos de entrada y salida son desconocidos o irreconocibles.

Los autores del artículo probaron DeepCorr al encontrar los mejores 50.000 sitios web posicionados por Alexa, explorándolos usando Tor y entrenando la red neuronal con la mitad de ese conjunto de datos usando una sola GeForce GTX TITAN X 12 GB (precio de $ 600-1000 dependiendo de la versión) por un día. La otra mitad se usó para probar DeepCorr. Los autores estiman que volver a entrenar DeepCorr una vez al mes sería suficiente para mantenerlo a la par con cualquier actualización del protocolo de red Tor. El conjunto de datos se realizó abriendo hasta diez conexiones Tor simultáneas utilizando los navegadores Tor y Firefox en máquinas virtuales independientes, capturando el tráfico saliente y forzando el tráfico a través de un servidor proxy configurado por los autores donde también se capturó.

Las conclusiones fueron que la precisión de DeepCorr no disminuyó significativamente con el paso del tiempo de hasta un mes, pero después de eso experimentó una degradación en la confianza. Las longitudes de flujo también se correlacionaron positivamente con la eficiencia de DeepCorr, y cuantos más datos se capturan, mejores son los resultados, aunque los autores notan que esto requiere una capacidad de almacenamiento y red exponencialmente mayor, lo que nos lleva de nuevo a la pregunta de un adversario bien financiado que ataca la red Tor. Finalmente, DeepCorr puede rastrear fácilmente a los usuarios que realizan ataques cibernéticos de proxy, los que se muestran en las películas como una serie de líneas que conectan los puntos en un mundo mientras los operadores en pánico cuentan el tiempo.

Jugando al póker

El póquer es un juego de caballeros que implica una estimación hábil de la probabilidad y una comprensión matizada de las señales no verbales y la precisión para la siguiente jugada. Al igual que con cualquier otra actividad, los humanos solían divagar en redes neuronales, daban la vuelta a todo y resolvían el póquer de manera concluyente. Es hora de poner una cara de póker, usar lentes de sol en interiores y participar en "Cómo aproximar las probabilidades de póker con el aprendizaje profundo"[17], un artículo que presenta una alternativa a la búsqueda de árboles en **Monte Carlo**.

Monte Carlo simula todos los resultados de un juego con opciones de bifurcación, como el póquer, analizando uno por uno, anotando el resultado final (gane o pierda) y actualizando el conteo al inicio de la rama. Esto se debe a millones de resultados que se necesitarían para hacer que una supercomputadora colapse en tiempo real, pero una red neuronal puede hacer lo mismo en una manera computacionalmente liviana, mientras que también incluye el modelado de oponentes para tener en cuenta los sesgos de comportamiento que todos los humanos tienen. A algunas personas les gusta el riesgo y otras juegan de forma más segura.

Las probabilidades de póker obtenidas en Monte Carlo son solo una aproximación, ya que hay variables desconocidas que afectan al juego, pero ejecutar la simulación 1000 veces debe presentar probabilidades convergentes que apuntarían a la fuerza real de

---

[17] https://arxiv.org/pdf/1808.07220.pdf

nuestra mano con un margen de error del 2%. Incluso entonces nos encontramos con problemas, ya que una simulación de Monte Carlo llevó al autor a 0,46563 segundos, lo que significa que ejecutarlo un millón de veces llevaría cerca de 129 horas e incluso eso no es suficiente para cubrir todas las ramificaciones.

La red neuronal presentada en este documento sugiere aproximarse a Monte Carlo, lo que significaría aproximar una aproximación. Esto podría sorprender a algunos, pero mientras tomemos un tamaño de muestra de Monte Carlo lo suficientemente grande, el conjunto de datos permanecerá estable. Como resultado, la red neuronal pudo correr 600 veces más rápido que Monte Carlo y ocupar solo 8.4KB de memoria mientras adivinaba qué mano sería la ganadora en el 79% de los casos y la que estaría empatada en el 95% de los casos. Casos con un margen de error del 5% en cada uno.

Reconocimiento de personas

Encontrar a Waldo fue una vez un pasatiempo agradable para los humanos, pero las redes neuronales han hecho que el hecho de seleccionar a una persona determinada de fondo sea un desafío fácil de resolver. La "búsqueda de personas por comparación de escalas múltiples"[18] aborda el problema de la comparación de escalas múltiples, lo que significa que la persona que buscamos puede estar en cualquier ángulo y distancia de la cámara, y la red neuronal aún tiene que averiguar si es quién estamos buscando en todas las imágenes ofrecidas. La mayor ventaja de una red neuronal en comparación con los humanos que realizan la misma tarea es que no tiene sesgo hacia imágenes más grandes con más detalles, al tiempo que evita las imágenes de baja resolución, borrosas o torpemente tomadas como lo hacemos nosotros. La red neuronal logró una precisión promedio de 87.2% incluso en imágenes donde la persona estaba dentro de un área tan pequeña como 37 × 13 píxeles.

---

[18] https://arxiv.org/pdf/1807.08582.pdf

Rotura de la herramienta

La rotura de la herramienta industrial es un problema grave, ya que las brocas de la herramienta soportan una carga tremenda durante bastante tiempo antes de romperse repentinamente y sin ninguna advertencia; los propietarios de herramientas desean exprimir el máximo rendimiento para aumentar los márgenes de ganancia, pero las roturas causan retrasos y costos de mantenimiento adicionales. El documento de investigación "Detección de rotura de herramientas usando Aprendizaje Profundo"[19] trata de resolver este problema empleando redes neuronales que usan el aprendizaje profundo para descubrir el momento exacto en que la herramienta está a punto de romperse, obteniendo la máxima durabilidad de cualquier pieza de herramienta determinada.

Una característica curiosa de este desafío en particular es que entrenar una red neuronal para predecir el punto de ruptura de cualquier herramienta dada utilizando grandes conjuntos de datos no es factible, ya que el margen de error es demasiado grande. La idea en este documento es hacer un seguimiento del consumo de energía de una máquina mientras está en funcionamiento y dejar que la red neuronal encuentre una regla en cuanto al punto de rotura de la herramienta y el consumo de energía de la máquina como un todo. Los trabajadores experimentados con esta máquina están, en cierto sentido, sensibilizados con el sonido de su funcionamiento y pueden escuchar el sonido ligeramente diferente de una broca de herramienta desgastada, pero el ruido ambiental a menudo impide su juicio. Una red neuronal modelada idealmente sería capaz de predecir la rotura de manera fiable independientemente de los niveles de ruido. Los autores concluyen que su enfoque puede lograr una precisión de predicción del 93% con un comentario de que el modelo tiene muchas oportunidades para mejorar.

---

[19] https://arxiv.org/pdf/1808.05347.pdf

Posicionamiento avanzado para Flota de taxis

Todos nos hemos encontrado con el Taxi de Schrodinger: existe un vehículo de taxi en nuestra ubicación en un estado de superposición cuántica que aparece solo cuando miramos a nuestro alrededor en una necesidad urgente de transporte. Esa no es la razón real por la que a menudo no podemos encontrar un taxi, pero podría ser así, ya que las personas viajan por todo tipo de razones que son difíciles de contextualizar y predecir, lo que hace que los taxis acudan a lugares aparentemente aleatorios para tener la oportunidad de obtener una tarifa. No se equivoque, descifrar el código de los hábitos de viaje de las personas a gran escala sería un problema para la afortunada compañía de taxis, por lo que "La combinación de datos de series temporales y textos para la predicción de la demanda de taxis en áreas de eventos: un enfoque de aprendizaje profundo"[20] usa una red neuronal para hacer precisamente eso.

Los dos patrones de viaje más comunes para los humanos son habituales, lo que significa que la misma persona recorre regularmente la misma ruta en momentos similares y causales, lo que significa que la persona viaja entre dos lugares conectados lógicamente, como desde un aeropuerto hasta un hotel. En un lugar como Nueva York, hay tantos eventos interesantes que ser capaz de predecir con precisión y modelar patrones de viaje que no caigan en ninguno de los dos anteriores llevaría a un aumento significativo de la eficiencia. El principal problema es lo que la industria del taxi llama "subidas de demanda", a la noción de poder anticipar una mayor demanda en un lugar en particular y enviar vehículos con antelación allí para obtener ganancias antes que otros. El problema es que los métodos tradicionales de sondeo y recopilación de datos para descifrar los aumentos de la demanda son demasiado lentos y no cubren los patrones de texto no estructurados que suelen utilizar

---

[20] https://arxiv.org/pdf/1808.05535.pdf

los adultos jóvenes para transmitir información, por lo que esos son exactamente los problemas que tratará este artículo.

Al analizar los datos de 1100 millones de viajes de taxi en Nueva York realizados entre el 2009 y 2016, y combinar los resultados con herramientas de análisis semántico que intentan descubrir las intenciones de los autores a partir de textos escritos públicamente, como tweets, una red neuronal puede derivar tendencias habituales y causales antes de eliminarlos de los datos generales y centrándonos en el resto. Esas son oleadas de demanda que conectamos nuevamente en el análisis semántico y terminamos conociendo más sobre los hábitos de viaje de las personas que lo que ellos mismos conocen. Es muy fácil.

Las herramientas de análisis semántico también procesan los datos de texto eliminando todas las etiquetas HTML, eliminando los finales de inflexión para obtener la raíz de la palabra, haciendo que el texto sea todo en minúsculas, e ignorando palabras muy frecuentes y muy raras, como artículos o palabras mal escritas. Cada palabra se puede convertir en un vector unidimensional, haciendo de cada oración una línea recta que indica la dirección y la distancia de viaje. Los vectores se pueden colocar dentro de un espacio de 300 dimensiones que indica la similitud de las palabras y la cercanía en el significado. Por ejemplo, un vector "femenino" y un vector "rey" convergen con el vector "reina".

Se seleccionaron dos lugares para el análisis: el estadio deportivo Barclays Center, el hogar de los Brooklyn Nets, y la Terminal 5, una sala de conciertos de tres pisos. Todas las recolecciones de taxis dentro de los 500 metros de cada una de ellas se tuvieron en cuenta para un total de 1066 eventos, y los datos meteorológicos se evaluaron de forma independiente para cada día, como la precipitación, la temperatura, etc. El trabajo de la red neuronal fue analizar aproximadamente la mitad de todos los datos disponibles con la otra mitad dados por los científicos como un desafío posterior.

Los resultados mostraron que una red neuronal que utiliza todos estos datos contextuales pudo reducir el porcentaje de error absoluto (MAPE) en casi un 30% en comparación con el proceso gaussiano, otro algoritmo de predicción de última generación. El documento concluye que las compañías de taxis o cualquier otro competidor del transporte, como Uber, pueden utilizar las fuentes de información públicamente disponibles para la extracción de datos y contextualizarlas mediante una red neuronal para posicionarse en las flotas de vehículos la noche antes de que aumente la demanda. Los autores de este artículo hicieron su trabajo público para que cualquiera pueda beneficiarse de él.

Gestión de red eléctrica

La bombilla parpadea y el PC emite un pitido, reiniciando en un abrir y cerrar de ojos: genial, dos horas de trabajo perdidos sin guardar. Para aquellos que viven fuera de las áreas metropolitanas, este tipo de experiencia causada por las fluctuaciones del poder es un hecho común que aprenden a tolerar, pero es muy poco lo que la compañía eléctrica podría haber hecho para detenerlo. La causa exacta de la fluctuación de energía se denomina "carga máxima", un momento en el que, por el motivo que sea, todos los clientes en un área determinada comienzan a obtener más energía de lo normal, lo que hace que ciertos dispositivos dejen de funcionar.

La forma en que una compañía eléctrica en la actualidad suministra a los consumidores electrones vitales es mediante el cálculo de lo que cada hogar gasta al mínimo, produciendo un poco más mientras mantiene una cierta cantidad de energía almacenada y otorgando el resto a otras redes eléctricas que lo necesiten. La venta y compra de energía se realiza en un mercado de energía cada hora o cada día, con un precio oscilante según la demanda regional. Poder predecir correctamente las cargas máximas entrantes y comprar energía justo antes de que ocurra puede ahorrarle millones a una compañía eléctrica y, en cierto sentido, también salvar el trabajo no guardado de sus usuarios. Las cargas máximas son siempre momentos breves, y una red eléctrica, en teoría, puede soportar una carga máxima prolongada, pero en la práctica generalmente experimenta un fallo en todo el sistema.

Las redes eléctricas en todo un continente pueden interconectarse y actuar como un recipiente de transmisión de energía conjunto que mantiene los niveles de energía estables sin importar las cargas máximas en las partes componentes. Esto, de hecho, causó un problema en marzo de 2018, ya que Serbia y su provincia rebelde de Kosovo entablaron una disputa sobre la red eléctrica: esta última generó 113GWh de más energía de la que podía producir, causando un efecto en cascada que impactó a toda la red eléctrica de la UE. Al final, los relojes eléctricos en todo el continente cayeron con un retraso de seis minutos completos,[21] ya que utilizan la frecuencia de 50 Hz de la red eléctrica para medir el tiempo; el consumo de energía hizo que la frecuencia cayera ligeramente por debajo de eso. Aunque este es un caso atípico, los proveedores de energía regionales se benefician al comprender las fluctuaciones de la energía y los tiempos de carga máxima para que puedan preparar personal de soporte adicional, adquirir energía por adelantado a un precio más barato, etc.

Momento de compra de electricidad

El artículo de investigación "Aprendizaje profundo para mercados de energía" [22] evalúa los datos del precio de la energía en forma diaria y por hora cuando se trata de 4719 nodos generadores de energía en los Estados Unidos y lo que tuvieron que hacer para mantener la producción estable en 2017. El conjunto de datos consistió en precios, clima, demanda y producción, y se entregó a la red neuronal para correlacionarlos correctamente. Los resultados mostraron que la alta demanda de energía no implica necesariamente precios altos, ya

---

[21] https://www.theguardian.com/world/2018/mar/08/european-clocks-lose-six-minutes-dispute-power-electricity-grid

[22] https://arxiv.org/pdf/1808.05527.pdf

que la red neuronal establece con precisión la naturaleza cíclica de los tiempos de carga máxima, aunque en general subestimó los precios máximos en un 20%. Los autores del artículo concluyeron que este enfoque tiene "mejor precisión que los modelos de series de tiempo tradicionales".

Detectando el robo de electricidad

En los Estados Unidos, el robo de energía drena alrededor de $ 6 mil millones al año; en algunos países, todos los ingresos que obtiene una compañía eléctrica son drenados por los ladrones. El problema es que cualquier pérdida en la que incurra la compañía eléctrica eventualmente se transfiere a clientes honestos en forma de tarifas y aumentos constantes de precios. Los medidores inteligentes son la última moda cuando se trata de detectar con precisión el consumo de energía, pero aún no resuelven el problema del robo de electricidad avanzado, es decir, los ataques cibernéticos en el medidor inteligente o la red eléctrica. Dado que los Smart Meters (medidores inteligentes) son un dispositivo electrónico, son propensos a ser pirateados o reprogramados sin que la compañía eléctrica lo descubra, pero con la ayuda de redes neuronales, puede que finalmente se apague la luz para los ladrones de electricidad.

La "Detección profunda de robo de electricidad recurrente en redes AMI con ajuste aleatorio de hiper-parámetros"[23] utiliza datos de consumo de 200 clientes en el transcurso de 107.200 días para detectar patrones de uso específicos y descubrir cómo se ve alterado el medidor o la red de suministro de energía. Tratar de acumular datos de consumo históricos para cualquier cliente dado no funciona para aquellos que se unen a la red, pero una red neuronal puede modificar su propio procedimiento para mejorar con el tiempo, distinguiendo entre clientes maliciosos y honestos con una tasa de detección del 93% y 5 % de tasa de falsos positivos.

---

[23] https://arxiv.org/pdf/1809.01774.pdf

Detección de somnolencia del conductor

La "Estimación de la somnolencia del conductor basada en EEG usando redes neuronales convolucionales"[24] sugiere monitorear al conductor para que reconozca de inmediato no solo cuándo está a punto de quedarse dormido, sino también la distracción y el exceso de velocidad para tomar medidas inmediatas, como hacer sonar la alarma o disminuir la velocidad. El enfoque más común en este tipo de detección es colocar una cámara de parabrisas que rastree y analice su cabeza y el movimiento de los ojos en tiempo real para reaccionar instantáneamente ante cualquier comportamiento adverso. También se puede colocar una cámara orientada hacia la carretera para identificar cuando el vehículo comience a virar fuera de las líneas y reaccionar. Ambos enfoques se ven afectados por la mala iluminación y las condiciones climáticas, lo que molesta al conductor e, irónicamente, sirven como una distracción que podría causar un accidente en lugar de detenerlo.

La alternativa es hacer que el conductor use algún tipo de equipo de contacto, como sensores, que mida con precisión los signos fisiológicos, como las ondas cerebrales, pero las fluctuaciones aleatorias en la respuesta corporal también pueden interferir con las lecturas. Los sensores en sí mismos no son tan cómodos de usar y, nuevamente, causan distracción para el conductor, pero en eso fue el enfoque de los autores de este artículo, optando por sensores de ondas cerebrales.

Dieciséis personas sanas fueron elegidas para conducir un vehículo utilizando una configuración de realidad virtual durante 60-90 minutos por la tarde, cuando la necesidad de tomar una siesta es la más fuerte. El vehículo viajó a 100 km / h (alrededor de 60 mph) a lo largo de una vista monótona, pero hubo un cambio repentino al azar en el tráfico y los conductores recibieron instrucciones de alejarse de

---

[24] https://arxiv.org/pdf/1809.00929.pdf

inmediato. Sus tiempos de reacción se registraron para alcanzar un índice de somnolencia, y se compararon con su actividad de ondas cerebrales, alcanzando un coeficiente de correlación del 63,79% que puede equipararse aproximadamente a la precisión.

Búsqueda de arquitectura de red neuronal

La "búsqueda de arquitectura neuronal: encuesta"[25] se centra en construir una red neuronal que pueda evolucionar por sí misma, crear redes neuronales de descendencia y encontrar el diseño de red neuronal más óptimo para cualquier problema dado. La búsqueda de arquitectura neuronal (BAN) es en esencia un aprendizaje automático automatizado que involucra tres parámetros: espacio de búsqueda, estrategia de búsqueda y estimación del rendimiento. La única participación humana es establecer estos tres parámetros y evaluar los resultados, aunque el artículo lamenta el hecho de que los humanos introducen su sesgo al limitar el espacio de búsqueda de la red neuronal.

El espacio de búsqueda se refiere al número de modelos de arquitectura que dejaremos que la red neuronal evalúe y combine para llegar a algo realmente nuevo y mejor que cualquiera de ellos. Una propuesta novedosa cuando se trata del espacio de búsqueda es la introducción de "células", componentes de la red neuronal creados a mano que pueden preservar la multidimensionalidad de los datos o reducirlos a un vector. Las células pueden trasplantarse a otra red neuronal o apilarse una encima de otra para obtener ganancias de rendimiento incomparables, pero la idea es permitir que la red neuronal las combine de manera arbitraria hasta que haya un progreso significativo.

La red neuronal puede emplear cualquier número de estrategias de búsqueda, aunque el rendimiento de algunas de ellas disminuye a medida que la red aumenta, haciéndolas inviables. Por ejemplo, la

---

[25] https://arxiv.org/pdf/1808.05377.pdf

estrategia de búsqueda de aprendizaje reforzado [26] utilizada por Zoph y Le en 2017 requirió 800 tarjetas gráficas de computadora funcionando durante tres o cuatro semanas. Sin embargo, los métodos evolutivos se utilizaron desde principios de los años 90 y permitieron una exploración considerable del espacio de búsqueda con un consumo de recursos de bajo perfil. La idea principal detrás del método evolutivo es que la red neuronal principal se ejecuta por un tiempo hasta que alcanza una cierta arquitectura, observa su eficiencia en la tarea y luego pasa el diseño a su descendencia, una red neuronal completamente nueva que ahora tiene algo de idea sobre lo bien que las células se desempeñan en la tarea y pueden ponderarlas en consecuencia. Al eliminar gradualmente ciertas celdas y sus diseños, los descendientes pueden finalmente alcanzar la arquitectura de red neuronal definitiva para la tarea dada. Ahora, todo lo que queda es la estimación del rendimiento.

A pesar de los atajos con las células y el uso del método evolutivo para aumentar la escalabilidad, BAN aún incurre en una importante pérdida de recursos cuando llega el momento de probar la arquitectura de red neuronal propuesta, lo que incita a los autores a recurrir a la *estimación del rendimiento* que es, en esencia, una medición de baja fidelidad. El truco es que la estimación no puede simplificar demasiado o los resultados no serán buenos, por lo que los autores recurren simplemente a la clasificación de las redes neuronales resultantes según su rendimiento, con la idea de que no necesitamos saber lo bueno que es el mejor, solo que es el mejor del grupo.

Los autores concluyen que a BAN le fue bien, pero el desempeño de clasificación es, sin embargo, difícil debido a la falta de estándares de referencia comunes en el aprendizaje profundo. Otra observación es que BAN no revela realmente por qué una determinada arquitectura funciona de cierta manera y que la comprensión de los grupos de células (también llamados "motifs (motivos)" en el

---

[26] https://arxiv.org/pdf/1709.07417.pdf

artículo) proporcionaría información sobre cómo funcionan las redes neuronales.

Reconocimiento de ruido

El artículo de investigación de 2018 "Mejora del habla adaptada al ruido mediante el uso de la formación del dominio contradictorio"[27] analiza las redes neuronales de reconocimiento de voz que utilizan el aprendizaje profundo y su capacidad para manejar fuentes de audio con ruidos de fondo adicionales que no se encontraron durante la fase de entrenamiento. En lugar de compilar la lista de todos los ruidos jamás creados, el documento sugiere usar la formación del dominio contradictorio (FDC) para entrenar dos subrutinas adicionales de la red neuronal: un discriminador que intenta determinar si el ruido proviene de la fuente de audio original y un extractor de características que trata de producir el mejor ruido para confundir al discriminador. Al enfrentar a un discriminador contra un extractor de características durante un período de tiempo arbitrariamente largo, la técnica FDC permite la evolución de un módulo discriminador especializado que luego puede fusionarse con la red neuronal de reconocimiento de audio para un 26-55% de mejoría en el rendimiento de dispositivos, como los implantes cocleares y software de voz a texto. Este tipo de formación contradictorio es típico de las redes neuronales, ya que les permite a los científicos aprovechar la increíble velocidad de las computadoras para un aprendizaje eficiente en comparación con lo que sucedería si se alimentaran manualmente con ejemplos.

Reconocimiento de escena

En "Desde el volcán hasta la tienda de juguetes: descubrimiento adaptativo de la región discriminante para el reconocimiento de la escena"[28] se observa una red neuronal que clasifica la imagen que

---

[27] https://arxiv.org/pdf/1807.07501.pdf

[28] https://arxiv.org/pdf/1807.08624.pdf

primero se entrena para etiquetar objetos en la escena, luego etiqueta el escenario y, finalmente, contextualiza ambos para llegar a una descripción de la ubicación, por ejemplo, "escuela de arte" o "camping". La idea es entrenar a la red neuronal para reconocer ciertos objetos como altamente deterministas de la ubicación; por ejemplo, encontrar una tienda de campaña en la imagen sugiere fuertemente que está al aire libre. Tales redes neuronales ya existen pero son computacionalmente exigentes tanto en entrenamiento como en operación; el aprendizaje profundo permite al operador establecer un número arbitrario de significantes en la imagen para lograr escalabilidad.

Descifrando mensajes ocultos

La esteganografía oculta intencionalmente información en otros datos, y el esteganálisis es una forma de revelar tales mensajes ocultos, los cuales a las redes neuronales les va mucho mejor que a los humanos como se revela en "Esteganografía invisible a través de la red adversa generativa"[29]. La idea es entrenar dos redes neuronales separadas, una para ocultar la información y la otra para revelarla, enfrentándolas entre sí. La prueba dada fue hacer que una red neuronal analice la imagen de la portada, encuentre los píxeles más adecuados, oculte con éxito una imagen gris en una de color, y luego la envíe a la otra red neuronal para su análisis. Cuando se trabaja en tándem, las dos redes permiten, por ejemplo, que la oficina central transmita un mensaje secreto codificado en una imagen simple a través de canales públicos a agentes en el campo que pueden decodificarlo utilizando la otra parte del dúo.

Generación automática de preguntas

Las pruebas de la escuela secundaria nos enseñaron muchos datos, como que las mitocondrias son la potencia de la célula. La preparación de los cuestionarios requirió una gran cantidad de trabajo delicado, pero apresurado, que podría salir mal en cualquier

---

[29] https://arxiv.org/pdf/1807.08571.pdf

lugar, lo que hace que los estudiantes se sientan engañados por una pregunta mal formada. Con la ayuda del aprendizaje profundo, podríamos estar al borde de una era en la que las preguntas y respuestas se crean inequívocamente a partir de franjas de texto por una red neuronal, la potencia del proceso de aprendizaje.

"Mejora de la generación de preguntas neuronales utilizando la separación de respuestas"[30] analiza la creación automática de preguntas y respuestas de cualquier cantidad de texto, desde oraciones simples hasta párrafos grandes. El objetivo no es que la red neuronal cree un borrador de la prueba, sino una versión real desde cero que no necesite ninguna corrección o edición. Esto se realiza haciendo que la red neuronal identifique y enmascare la respuesta con una señal significativa y concluya semánticamente la secuencia correcta de palabras y los pronombres.

Por ejemplo, la frase "John Francis O'Hara fue elegido presidente de Notre Dame en 1934" contiene tres preguntas: quién (John), qué (presidente) y cuándo (1934). Al enmascarar cualquiera de las tres respuestas, enseñamos a la red neuronal a plantear una pregunta y la contrastamos con la respuesta enmascarada. Al agregar un mecanismo de atención, le damos mayor peso a las palabras clave y los datos de información, imitando la forma en que los humanos analizan las preguntas y retienen el conocimiento. Este enfoque permite extraer el máximo valor del mismo texto, pero también actúa como una medida anti-trampa durante el cuestionario en sí, ya que los estudiantes no pueden copiar una respuesta de otra persona.

La red neuronal se probó utilizando 23.215 muestras de texto que se originaron en 536 fuentes de texto con aproximadamente 100.000 preguntas y respuestas creadas manualmente para pruebas reales. Los resultados mostraron que solo el 0,6% de las preguntas creadas por esta red neuronal revelaron erróneamente la respuesta completa y el 9,5% dio una pista sobre cuál era la respuesta, ya que ambos son

---

[30] https://arxiv.org/pdf/1809.02393.pdf

puntos débiles comunes de las redes neuronales que tratan con la creación de preguntas de prueba. "Qué", "cómo" y "quién" fueron los tres pronombres más comunes que la red neuronal supuso correctamente, aunque la precisión promedio para otros tipos de preguntas no fue tan estelar; los autores atribuyeron esto al 55,4% de todas las preguntas que tienen "qué" y otros pronombres que no están tan representados en el conjunto de datos de entrenamiento.

Reconstrucción visual 3D de objetos 2D.

Los grandes pintores saben cómo usar sombras y perspectivas para hacer del lienzo una ventana genuina a otro mundo[31]. Aunque en cierto nivel sabemos que este tipo de pintura es una ilusión, nuestro cerebro encaja en la imagen 3D y la presenta como real, llenando los espacios en blanco utilizando lo que sabe sobre el mundo exterior. Resulta que las redes neuronales son capaces de algo similar y pueden reconstruir el lado invisible de un objeto basado en una de sus vistas 2D.

"Aprendizaje profundo de un objeto completamente 3D con una sola mirada"[32] es un trabajo de investigación conjunto de EE. UU. e Italia que analiza cómo los píxeles se pueden convertir en vóxeles, mejor descritos como píxeles volumétricos. El objetivo principal de este estudio es minimizar el número de perspectivas necesarias para completar un objeto 3D, posiblemente para ser utilizado con robots con un presupuesto computacional ajustado que se mueve a través de un entorno e interactúa con objetos reales. Como los autores necesitaban al menos una vista, decidieron seguir con eso y terminaron teniendo éxito.

La red neuronal se entrenó con 5000 ajustes preestablecidos de modelos de CAD, un popular programa de modelado, cada uno con ocho instantáneas tomadas desde diferentes ángulos para llegar a

---

[31] https://uploads1.wikiart.org/images/albert-bierstadt/the-falls-of-st-anthony.jpg

[32] https://arxiv.org/pdf/1808.06843.pdf

40,000 desafíos. Todos los modelos tenían una resolución de 30x30x30, lo que presentaba un desafío a la hora de preservar todas las características matizadas de un modelo, pero la red neuronal logró alcanzar resultados impresionantes, restaurando el 92% del modelo original.

Eliminación de rayas de lluvia de una imagen o video

Configurar una cámara al aire libre de acceso remoto puede sonar como un experimento divertido; eso es hasta que cae la lluvia y las rayas de lluvia hacen que parezca que estamos mirando a través de una cortina blanca. La causa real de este efecto es que las gotas de lluvia tienen una alta velocidad mientras reflejan la luz, lo que hace que aparezcan rayas blancas en cualquier dispositivo de captura de imágenes. Esto devalúa todos los demás procesos de aprendizaje automático que dependen del procesamiento de la imagen, como el reconocimiento facial, y, por lo tanto, eliminar las rayas de la lluvia se convierte en un proyecto de máxima prioridad. Actualmente existen varios programas de eliminación de llovizna, algunos de los cuales utilizan el aprendizaje automático, pero, generalmente, arruinan la calidad de la imagen, ya sea al difuminar el fondo o al estropear el contraste de la imagen. "Eliminación de la racha de lluvia para una sola imagen a través de la CNN guiada por el kernel"[33] sugiere utilizar una red neuronal llamada KGCNN para limpiar las imágenes, con el objetivo de preservar la mayor calidad de imagen posible y eliminar las rayas de la imagen de una manera computacionalmente liviana.

KGCNN explotaría una propiedad conocida de las gotas de lluvia, ya que inducen una pequeña pero perceptible cantidad de movimiento borroso. Conocer la dirección general de una gota de lluvia, es decir, el hecho de que tienden a caer, puede ayudarnos a construir KGCNN que deconstruirá cualquier alimentación de imagen en una capa de

---

[33] https://arxiv.org/pdf/1808.08545.pdf

fondo y textura, con el objetivo de identificar el desenfoque de movimiento en esta última y volver a utilizar este conocimiento en la imagen compuesta para bloquear las rayas de la lluvia. La capa de fondo contiene todo, excepto la lluvia, y la capa de textura contiene solo las gotas de lluvia, lo que facilita la identificación de una imagen si KGCNN funciona como se esperaba.

Detección de intrusos en sistemas informáticos

En libros de ciencia ficción como el Neuromancer de William Gibson, los piratas informáticos se conectan a Internet a través de un conector literal insertado en la base del cráneo y hacen girar el software. La detección de intrusos la realiza una IA llamada Black Ice que protege el ciberespacio propietario e intenta freír los cerebros de los hackers. Los hackers y la detección de intrusos existen ahora de una manera mucho más prosaica, pero las redes neuronales prometen que al menos esa última parte está a punto de ser mucho más interesante.

"Sistema de aprendizaje profundo optimizado basado en análisis estadístico para la detección de intrusiones"[34] investiga la creciente amenaza del malware inteligente y los ataques de piratería que podrían poner en peligro los sistemas bancarios, las redes eléctricas o las bases de datos de registros hospitalarios. No es solo que todo esté en red, sino que el gran tamaño de dichas redes hace que actualizar una pesadilla y aumentar su superficie de ataque los deje expuestos a cualquier hacker con una oportunidad. Es tan fácil como caminar a uno de estos terminales conectados a la **intranet**, a la red interna, y aparecer en un USB infectado. Probablemente es así como el ransomware WannaCry llegó a 16 hospitales del Reino Unido en mayo de 2017, cerrando todos los archivos médicos detrás de un

---

[34] https://arxiv.org/pdf/1808.05633.pdf

muro de pagos y amenazando con la eliminación a menos que se pagaran $ 300 en rescate en Bitcoin[35].

Este trabajo de investigación muestra una manera escalable y liviana de mantener seguras las grandes redes, independientemente de si sus componentes están actualizados o no, mediante el uso de redes neuronales que filtran un gran volumen de datos para anticipar el comportamiento de los intrusos y negarles el acceso. Sabemos por otras áreas científicas que las redes neuronales pueden lograr un rendimiento casi humano en casos de reconocimiento de personas y reconstrucción de objetos en 3D, por lo que es de gran interés encontrar una alternativa económica y sostenible a los programas antivirus y las rutinas de acceso de control obsoletas que causan un dolor sin fin al personal de soporte, como nombres de usuario y contraseñas.

La red neuronal asignada a la seguridad de la red realiza el procesamiento previo de los datos para eliminar los valores atípicos, la extracción de características para encontrar puntos en común entre los usuarios y la clasificación para distinguir entre los usuarios benignos y los malignos. En general, las intrusiones vienen como: sondeo de que la red objetivo tiene puntos débiles y puertos abiertos; denegación de servicio, que sirve para incapacitar la red objetivo y estimar sus capacidades; usuario a raíz que está destinado a obtener acceso de (raíz) root; y root-to-local que está destinado a realizar operaciones en una máquina local después de que se haya obtenido el acceso root (raíz).

La red neuronal se entrenó por primera vez con 125.973 muestras pertenecientes a cualquiera de las cuatro categorías de intrusión y se probó con otras 22.544 muestras, lo que resultó en una precisión del 77.13% para ataques de sondeo, 97.08% para denegación de servicio, 87.10% para usuarios root, pero solo 11.74% para root-to-local. Estos números implican que todas las medidas de seguridad

---

[35] https://www.theverge.com/2017/5/12/15630354/nhs-hospitals-ransomware-hack-wannacry-bitcoin

deben centrarse en evitar el acceso a los sistemas root (raíz), que son los que pueden emitir comandos a máquinas subordinadas, incluida toda la red o terminales individuales. Una vez que la raíz ha sido secuestrada, cada máquina comprometida, o incluso toda la red, está decisivamente en manos del atacante, como se ve con el ransomware WannaCry.

Pensamiento lógico

La lógica diferencia al hombre de las amebas y nos permite vernos a nosotros mismos y a las amebas con un alto grado de certeza. La capacidad de razonamiento lógico se deriva de una representación simbólica del mundo y es la facultad más anhelada por los científicos que quieren que sus redes neuronales tengan. Sin embargo, no se trata de cualquier tipo de lógica, sino de un tipo especial llamado lógica ontológica, que trata de cómo llegamos a ser y de lo que nos une. La lógica ontológica se puede aplicar a países, seres humanos, animales, árboles, rocas o cualquier otra entidad metafísica o material concebible para agarrar el tejido del tiempo y desentrañarlo hasta su punto de partida. A medida que las redes neuronales se preparan para competir contra los humanos en todos los campos de la vida y la ciencia, aprenderán lento, pero seguro, a mirarse a sí mismos al igual que el resto de nosotros con el tiempo libre para hacerlo.

"Razonamiento ontológico con redes neuronales profundas"[36] analiza cómo una red neuronal a la que se ha dado información sobre las personas saca conclusiones sobre sus relaciones; por ejemplo, dos personas separadas que son padres de la misma persona también deben estar relacionadas. La misma lógica se aplica a las ciudades, provincias, países, etc., para permitir que la red neuronal aprenda cosas nuevas sobre el mundo y actualice su propia base de datos de información. Esto es, en parte, cómo trabaja la función "Personas que quizás conozcas" de Facebook: descubrir el origen de una

---

[36] https://arxiv.org/pdf/1808.07980.pdf

relación a menudo revela detalles íntimos que pueden haber pasado desapercibidos incluso por las personas involucradas. Tenemos bases de datos de información masivas, pero algo como Wikipedia utiliza multitudes de voluntarios no remunerados que discuten amargamente durante semanas sobre la interoperación en artículos oscuros para proporcionar la mayor parte del texto utilizado por el público. Este tipo de red neuronal podría usarse para probar un wiki o construir algo nuevo.

Las pruebas se realizaron con dos bases de datos de información, Claros y DBpedia. Aunque no es del mismo tamaño, la red neuronal aprendió a interpretar correctamente los objetos, los datos y las relaciones entre ellos con una precisión del 99.8%. Luego, los autores decidieron superar el desafío eliminando un hecho aleatorio de cada base de datos y reemplazándolos con una versión diametralmente opuesta de sí mismos, lo que significa que "hombre" podría haber sido reemplazado por "mujer", etc. Esto creó un conflicto al que llamaríamos una **paradoja**, una declaración que parece verdadera y falsa al mismo tiempo, pero la red neuronal logró resolver en promedio el 92% de todos los conflictos. Los autores notaron que los hechos presentados con menos del 100% de certeza en la base de datos de información hicieron temblar los radios de la red neuronal.

Engañando a la máquina inteligente

Los videos en el blog Open AI [37] examinan cómo se puede engañar a las redes neuronales de clasificación de imágenes presentando una imagen impresa de un gatito alterado digitalmente para contener efectos secundarios en bloques. La imagen es claramente reconocible por el ojo humano, pero una red neuronal ve una computadora de escritorio en casi todos los ángulos y factores de zoom, persistiendo incluso cuando la imagen se gira o se desplaza. El documento de investigación de 2018 relacionado, titulado

---

[37] https://blog.openai.com/robust-adversarial-inputs/

"Síntesis de ejemplos de adversidad robusta"[38] investiga la idea de convertir imágenes en 2D y objetos impresos en 3D en una fuente de dolores de cabeza para la red neuronal mediante el uso del algoritmo EOT (Expectation Over Transformation), que persiste incluso cuando la imagen o los objetos se giran, se filman bajo una iluminación diferente o se muestran acercados o alejados. En el ejemplo que se muestra en el documento, 8/10 imágenes de una tortuga impresa en 3D fueron identificadas por la red neuronal como un rifle y el resto como "otro".

El documento de investigación de 2015 titulado "DeepFool: un método simple y preciso para engañar a las redes neuronales profundas"[39] describe un algoritmo que agrega perturbaciones mínimas a cualquier imagen dada para que la red neuronal de reconocimiento de imágenes la vea como algo completamente distinto, un ejemplo que se muestra como una ballena es reconocida como una tortuga. El método DeepFool luego se compara con algoritmos de perturbación similares en términos de costo, velocidad e intrusión en la imagen original, discutiendo su uso para comprender la arquitectura de cualquier máquina inteligente y cómo optimizar el ataque.

---

[38] https://arxiv.org/pdf/1707.07397.pdf

[39] https://arxiv.org/pdf/1511.04599.pdf

Capítulo 7 - El futuro del aprendizaje profundo

"¿Aprendizaje profundo, cambio profundo? Mapeo del desarrollo de la Tecnología de Propósito General de Inteligencia Artificial"[40] examina las aplicaciones comerciales y el agrupamiento regional de aprendizaje profundo comparando la gran cantidad de documentos de investigación relevantes cargados en Arxiv.org con las compañías relacionadas mencionadas en Crunchbase.com, un directorio de negocios, para ver cuáles países han hecho un buen uso del aprendizaje profundo. Los autores utilizaron una red neuronal para filtrar 1.3 millones de documentos en Arxiv y redujeron los parámetros de búsqueda al analizar títulos, palabras clave, ubicaciones, etc., antes de comparar la lista con el registro de Crunchbase analizado de la misma manera.

Como se esperaba, los documentos de aprendizaje profundo cubrieron temas de visión por computadora, aprendizaje por computadora, aprendizaje automático, inteligencia artificial y redes

---

[40] https://arxiv.org/pdf/1808.06355.pdf

neuronales, con los Estados Unidos produciendo alrededor del 30% de todos los documentos de investigación de aprendizaje profundo y el 30% de todos los demás trabajos de investigación no relacionados. China fue sobrerrepresentada en la sección de aprendizaje profundo, produciendo tres documentos de aprendizaje profundo por cada uno que no está relacionado con el aprendizaje profundo. La visión por computadora y el aprendizaje por computadora fueron los temas más comunes, que en conjunto abarcaban alrededor del 70% de todos los documentos de aprendizaje profundo sobre Arxiv. California fue la ubicación más común mencionada en Crunchbase, con el 15% de todas las empresas que cotizan en bolsa que tienen su sede allí. Texas también obtuvo una alta calificación, lo que se explica por el hecho de que los californianos más desilusionados nombraron al estado de barbacoa como el destino de reasentamiento más probable en los Estados Unidos.[41].

El análisis mostró que China tiene el aumento más rápido en ideas de negocios profundas relacionadas con el aprendizaje, con países europeos que se quedan atrás y siendo Francia el peor. La explicación de este efecto es que los sectores de negocios, investigación y manufactura chinos existen en regiones muy agrupadas, con el gobierno chino que tiene regulaciones laxas en cualquier investigación que promueva el crecimiento empresarial y promueva la supremacía china en el mercado global de ideas. Este tipo de diligencia tiende a producir artículos de calidad inferior, pero fomenta la innovación, la reducción de costos y la respuesta rápida.

El documento continúa comparando el aprendizaje profundo con invenciones fundamentales como la máquina de vapor, la electricidad y el libre intercambio de información conocido como Internet, y señala que cada uno de ellos llevó al surgimiento de un imperio: el Reino Unido conquistó la mitad del mundo gracias a la máquina de vapor, Los Estados Unidos crecieron a causa de la

---

[41] https://www.scribd.com/document/380910605/2018-Bay-Area-Council-Poll-More-Plan-to-Exit-Bay-Area#from_embed

electricidad y Silicon Valley no dominaría nada sin Internet. Esto nos haría creer que la investigación en el aprendizaje profundo y las tecnologías comerciales relacionadas con la IA impulsarán a China a la posición de superpotencia mundial; cualquier país que *no tenga* una estrategia económica centrada en el aprendizaje profundo y que imite de cerca a China está obligado a quedarse atrás.

Ascenso de un nuevo imperio

Para que una invención tenga una magnitud tan grande como la electricidad, debe tener tres cualidades distintas: rápido crecimiento, difusión en nuevas áreas y un alto grado de impacto en esos campos. Las redes neuronales que utilizan el aprendizaje profundo prácticamente enseñan y crecen ellas mismas, con el beneficio adicional de que sus propietarios puedan enfrentarlos entre sí y ver qué ocurre. También encontramos que el aprendizaje profundo está obteniendo más y más aplicaciones prácticas con cada día que pasa, ya que ahora se están reexaminando algunos problemas de larga data en varias industrias que simplemente eran demasiado costosos como para abordarlos de otra manera. Finalmente, las redes neuronales y el aprendizaje profundo pueden proporcionar ideas genuinamente novedosas cuando se aplican y pueden aumentar la productividad más allá de las capacidades humanas. Los autores del artículo también respondieron afirmativamente a los tres, pero utilizando una red neuronal para analizar las fechas de publicación, la diversidad de temas mencionados y las referencias utilizadas antes de comparar los números año por año.

La máquina de vapor fue lo que inició la revolución industrial en el siglo XIX en el Reino Unido, con la fuerza muscular en bruto reemplazada por la presión del vapor, pero fue la electricidad la que ayudó a miniaturizar todos los aspectos de las fábricas en el siglo XX e Internet, que proporcionó un flujo de información instantáneo que haría del aprendizaje profundo una fuerza transformadora para el siglo XXI. Cada nuevo salto cuántico siempre estuvo marcado por el descubrimiento de nuevos materiales y formas de extraer aún más recursos de los antiguos por menos costo. Si ahora nos fijamos en el tiempo que tardó una industria en adoptar una de estas invenciones revolucionarias, podemos observar que los gigantes industriales se enfrentaron a sus costumbres y fueron incapaces de adaptarse durante varias décadas; siempre fue la competencia pequeña y ágil la que aprovechó la **ventaja del primer movimiento** en un entorno de inseguridad jurídica que permitió una experimentación desenfrenada.

En una industria bien establecida, como la producción de celulosa a través de las fábricas de celulosa y papel, los productores tienen márgenes de ganancia muy bajos debido a la cantidad de legislación existente, y los gobiernos añaden regularmente aún más. Por ejemplo, se sabe que algunos productos químicos de desecho de celulosa son tóxicos si se liberan en el agua, pero, para otros, solo hay sospecha y no hay pruebas concretas. El propietario de una fábrica de celulosa y papel se vería tentado a utilizar productos químicos nuevos y más baratos, pero potencialmente tóxicos, tanto como sea posible antes de que el gobierno los proscriba. Una vez en libertad, estos productos químicos tienen efectos desconocidos en la vida de las plantas y la salud animal, que es aún peor que si fueran venenos, ya que los venenos tienen efectos y tratamientos conocidos. No hay una solución clara para este dilema ya que necesitamos papel pero no podemos evitar contaminar cuando lo producimos. Esto nos lleva a la **tragedia de los bienes comunes**, el resultado inevitable de esa mentalidad empresarial sobre el medio ambiente y los recursos que compartimos.

El aire que respiramos, el agua que bebemos y el mismo suelo en el que vivimos se consideran propiedades conjuntas, un recurso compartido que todos necesitamos y por el que competimos, pero que en realidad no puede afectarles mucho; son los negocios los que explotarán tanto como sea posible antes de que alguien más contamine y destruya el medio ambiente en su búsqueda sin sentido de las ganancias. En 2010, "Deep Horizon", una plataforma petrolera del Golfo de México de propiedad de BP Exploration & Production, explotó matando a 11 trabajadores y liberando 4 millones de barriles de petróleo en el océano durante 87 días hasta que se tapó el pozo. Un grupo de litigantes demandó a BP Exploration & Production y reclamó daños, teniendo que pagar más de $ 20 mil millones por encima de una multa de $ 5,5 mil millones por contaminación del agua emitida por Estados Unidos y $ 8,8 mil millones por daños a los recursos naturales[42]. Entonces, ¿qué causó la catástrofe de Deep Horizon?

Los ejecutivos de cualquier compañía tienen dos principios rectores: **deber de cuidado y deber de valor**. El primero exige que hagan su debida diligencia antes de emprender cualquier proyecto para asegurarse de que su empresa no dañe el medio ambiente y contribuir de manera constructiva a una mejor sociedad para todos. Todas estas nociones de cuidado son idealistas, pero lo más importante es que son *imposibles de cuantificar*. Por otro lado, tenemos el último principio de que un ejecutivo debe hacer lo que sea necesario para aumentar el valor de la empresa, determinado mediante la comparación de los números de ingresos, *que son cuantificables*. Estos dos principios están destinados a equilibrarse, pero ese nunca es el caso y todas las compañías que sobreviven durante décadas se vuelven cada vez más explotadoras, despiadadas y manipuladoras para exprimir ese beneficio adicional del 0.1% que hace que el próximo balance trimestral dé frutos y proporcione al CEO con una gran bonificación.

Si ahora miramos hacia atrás en el mercado de consumo a lo largo de las décadas, nos daremos cuenta fácilmente de empresas, como los operadores de telecomunicaciones, que experimentaron esta transformación inevitable y se convirtieron en monstruos que sobrecargan e ignoran a los clientes hasta el punto en que sus obligaciones contractuales se encuentran en una estafa. No es que los ejecutivos disfruten alegremente de causar angustia, sino que, simplemente, cualquier compañía que quiera sobrevivir tiene que estrangular cada vez más las fuentes de ingresos existentes sin

---

[42] https://www.epa.gov/enforcement/deepwater-horizon-bp-gulf-mexico-oil-spill

invertir nada más ni agregar valor a los clientes. Incluso Google aprendió esa lección al soltar el lema "No seas malo"; los valores morales son antitéticos a las ganancias, y las compañías que quieren ganar dinero deben estar dispuestas a considerar la posibilidad de pisar la línea entre el bien y el mal, si no es que se abalanzan sobre él antes de que alguien más lo haga.

En un mercado nuevo, los clientes acuden a un competidor, pero en un mercado altamente regulado, esa compañía tiene un monopolio y *no hay alternativas*. Solo tenemos que mirar las adquisiciones de Facebook para ver cómo se desarrolla esto. En 2012, Facebook compró Instagram, una popular red social para compartir imágenes, por $ 1 mil millones y, por lo tanto, obtuvo su tecnología, marca, base de usuarios y todos los datos privados de los usuarios. Incluso cuando alguien hace una alternativa viable, los gigantes de la tecnología se lanzan y devoran la competencia como lo hace un guepardo con un antílope. Para los creadores de Instagram, esto fue un sueño hecho realidad, y están listos para la vida, pero, para los usuarios de Instagram, es como volver al antiguo paddock de Facebook.

La cuestión es que *internet es otro de esos recursos compartidos*, con la única diferencia de que no es físico, pero aun así lo necesitamos. Sin embargo, apenas existe una legislación que evite la contaminación de Internet o consagre los derechos de los usuarios normales cuando se trata de compartir información y contenido original. Al igual que con el suelo, el agua y el aire antes de la revolución industrial, cualquier empresa puede hacer lo que quiera en línea con abandono. Este es el futuro del mercado tecnológico, y con la llegada del aprendizaje profundo las cosas solo empeorarán, ya que una compañía con sede en India, China o Texas puede crear un producto mundial impulsado por el aprendizaje profundo. Cuando el producto comienza a desmoronarse en las costuras, debido a que fue empujado más allá de sus límites teóricos en busca de ganancias, las víctimas no tendrán absolutamente ninguna salida.

El desastre de Deep Horizon, muestra una conclusión inevitable de un sistema corporativo con ánimo de lucro en el que las catástrofes ambientales deben necesariamente ocurrir porque la recompensa es simplemente demasiado grande como para ignorarla. Naturalmente, las corporaciones que promueven el desarrollo y la implementación de máquinas inteligentes en el público en general no se preocupan por las consecuencias a largo plazo. ¿Por qué lo harían? Lo que importa es lo que aporte la mayor ganancia ahora, mientras se mantenga dentro de los límites legales, eso es lo único que importa, y, una vez que se convierta en la norma corporativa, es solo una cuestión de tiempo antes de que la humanidad entera se haga cargo de la investigación de las máquinas inteligentes.

Esto también implicaría que a BP Exploration & Production realmente le salió barato, ya que probablemente causaron miles de fugas de petróleo en sus imprudentes expediciones de perforación; es solo que la fuga de Deep Horizon era demasiado grande para ignorarla y pagaron el precio. Cuando esta lógica se aplica al aprendizaje profundo y las redes neuronales, obtenemos una imagen sombría de experimentación desenfrenada que puebla nuestro entorno digital con todo tipo de asistentes mal hechos, como el traductor de Google, que es probablemente el traductor más famoso.

El traductor de Google

Con un nombre con tan poca imaginación como TranslateGate[43], la controversia en torno al Traductor de Google surgió cuando alguien escribió la palabra "perro" 22 veces con un solo espacio entre cada palabra y la tradujo del maorí al inglés. El texto resultante fue: "El reloj del día del juicio final es de tres minutos a las doce. Estamos experimentando personajes y un desarrollo dramático en el mundo, lo que indica que nos estamos acercando cada vez más al final de los tiempos y al regreso de Jesús" (sic). Concedido, hay al menos otro caso en el que la misma palabra repetida una y otra vez en la

---

[43] https://www.rt.com/news/434055-google-translate-dog-apocalypse/

escritura produce oraciones coherentes sin incluir la traducción de la red neuronal: The Lion-Eating Poet[44].

El origen de la historia de The Lion-Eating Poet es un lingüista chino del siglo XIX que intenta demostrar lo difícil que es usar el chino cuando se escribe utilizando el alfabeto latino, llamado "pinyin", y se recomendó como una mejora sobre los pictogramas chinos tradicionales. Toda la historia consiste en la palabra "shi" escrita 98 veces y habla de un poeta llamado Shi que vivía en una habitación de piedra y decidió comer diez leones, comprarlos en el mercado e intentar comer su carne. Para un hablante nativo de chino, la historia hablada es perfectamente comprensible debido a varias pronunciaciones e inflexiones, pero es un desastre escrito en pinyin. Este ejemplo enfatiza qué tanto del lenguaje que usamos es contextual y que los idiomas complejos, en particular el chino, parecen estar perdiendo muchos matices con la adopción de palabras extranjeras y las costumbres escritas.

En cualquiera de los casos, TranslateGate reveló que escribir en "bi ng is be tt er" ("bing es mejor") y traducirlo del somalí al inglés produce "it is up to you" ("depende de ti") y "üüüüüüüüüüüüüüü ääääääääää ööööööööööö" del estonio al inglés dé como resultado "nightly work-outs for the most part of the project" ("entrenamientos nocturnos para la mayor parte del proyecto"). Hay muchos otros ejemplos similares en el subreddit de TranslateGate[45], pero la parte más notable es que todos consisten en la traducción de idiomas oscuros de Internet al inglés, que es considerado el idioma universal de Internet. Es muy probable que puedan surgir muchos otros lenguajes similares en los que la traducción sea parcial o totalmente incorrecta, pero es probable que nunca descubramos lo equivocado que puede estar el traductor de Google.

---

[44] https://www.yellowbridge.com/onlinelit/stonelion.php

[45] https://www.reddit.com/r/TranslateGate/

Por ahora, el traductor de Google está a punto de que Google lo incluya en su paquete de productos junto con Gmail y Google Docs, lo que significa que están contentos con el rendimiento. Un detalle más acerca del traductor de Google es la opción para que cualquier visitante ingrese una traducción alternativa, ayudando a la red neuronal. Con el tiempo, los voluntarios pueden mejorar la precisión y la visión contextual del traductor de Google, pero es poco probable que sea un producto independiente adecuado que pueda llevar su peso en un entorno del mundo real. Si Google no puede hacerlo, ¿quién puede?

Shenzhen, la potencia de China

Ubicado justo al norte de Hong Kong, el quinto puerto más ocupado del planeta es la pequeña ciudad comercial de Shenzhen. Durante la década de 1990, Shenzhen experimentó un crecimiento tremendo, convirtiéndose en un centro de investigación, desarrollo y fabricación chino que ahora cubre 750 millas cuadradas e incluye literalmente cientos de fábricas. ¿Tienes una idea genial? Hong Kong tiene empresarios inteligentes que están dispuestos a escuchar y tienen los medios para solicitar un prototipo de una fábrica de Shenzhen para el final del día. Si funciona, se pueden hacer millones de copias al final de la semana, transportarlas a Hong Kong y exportarlas a todo el mundo.

Unidos en el medio, Hong Kong y Shenzhen cubren todos los elementos básicos y comprenden una potencia de China a la que se le han otorgado exenciones especiales de los reglamentos e impuestos del gobierno chino. No hay nada parecido en el mundo, y, a menos que otros países, en particular, los de habla inglesa, se pongan a la altura, serán superados en número y en armas. Hay un inconveniente en este crecimiento explosivo y en un cambio radical: la noción de productos y servicios de menor calidad producida por millones de personas sin considerar los estándares, a veces literalmente encendiendo un fuego bajo nuestros pies.

En 2015, los hoverboards fueron la moda más genial, y todos se deslizaban en uno. Solo Shenzhen tenía 300 fábricas produciendo hoverboards 24/7, lo que equivale a más de un millón de unidades en octubre de 2015, pero sus paquetes de baterías de ión de litio eran incompatibles con los voltajes de todo el mundo, lo que provocó incendios y explosiones durante la noche. Digamos que los clientes no se animaron con la idea de los hoverboards chinos. Los clientes del Reino Unido, Estados Unidos e incluso chinos informaron de que los hoverboards se incendiaban, y cuando los Estándares Nacionales de Comercio del Reino Unido pusieron a prueba 15,000 hoverboards de Shenzhen, más del 90% de ellos tenía un sistema eléctrico o batería inferior.

Los departamentos de bomberos de todo el mundo declararon a los hoverboards un peligro de incendio. Los medios de comunicación apenas podían contener la alegría cuando mostraban las imágenes más dramáticas de una explosión en un hoverboard, y los minoristas de repente se quedaron atrapados con miles de hoverboards que no se podían mover. Irónicamente, las fábricas de Shenzhen estaban atascadas con almacenes llenos de hoverboards que no podían venderse simplemente debido a una mala reputación y la falta de estándares eléctricos, pero es un hecho que las fábricas chinas generalmente se involucran en prácticas comerciales difíciles para bloquear a la competencia. Esta vez, todos quedaron fuera del mercado internacional debido a la falta de una estrategia de fabricación general.

En marzo de 2016, los fabricantes chinos de hoverboard se unieron para crear una Hoverboard Industry Alliance que estandarizó las prácticas de fabricación de acuerdo con los estándares eléctricos de Estados Unidos y el Reino Unido y solicitaron un conjunto de reglamentos de fabricación de baterías de hoverboard, que obtuvieron en mayo de 2016 a través de UL, una empresa de seguridad con sede en los Estados Unidos. La lección aprendida aquí es que los fabricantes chinos muestran una indiferencia casual cuando elaboran productos dirigidos a los mercados internacionales, pero están dispuestos a hacer un cambio, cooperar y mantener un estándar más alto cuando las ganancias se ven amenazadas, convirtiéndolos en un competidor a tener en cuenta. Esto también implica que necesitamos un conjunto sólido de limitaciones legislativas sobre el aprendizaje profundo, las redes neuronales y la inteligencia artificial antes de que las empresas comiencen a reclamarlo.

Normalmente, la forma en que funcionan las regulaciones es bastante lenta: se introducen nuevas tecnologías y la legalidad o la forma de su uso es incierta. Cuando existe cierto daño o la posibilidad de muerte, el público exige que alguien piense en los niños y el gobierno entra con su habitual actitud de mano dura. Se inician las investigaciones, pasan los años, se forman los comités y se hacen leyes a lo largo de décadas; es simplemente cómo deben trabajar las cosas para mantener la integridad del sistema legal.

La industria automotriz tardó años en entender el hecho de que los cinturones de seguridad salvan vidas y extremidades. A pesar de que los números son inequívocamente claros al respecto, los fabricantes de automóviles lucharon con uñas y dientes para no tener cinturones de seguridad mientras las personas morían. Este período de tiempo no se puede aplicar al desarrollo de la IA, ya que evolucionará por sí solo y pondrá en peligro a todos, mientras que los legisladores manipulan sus pulgares. Si una parte importante de los humanos decide de la misma manera que "si no podemos vencerlos, nos uniremos a ellos" e implantaremos un dispositivo electrónico en su cerebro para tener un enlace directo con la IA, los humanos podrían terminar simplemente como los chimpancés, causando una mayor división entre los ricos y los pobres.

Lidiando con el avance de la IA

Los chimpancés son increíblemente similares a los humanos en que también tienen una jerarquía social altamente sofisticada, con machos superiores que tienen la primera elección de compañeros, lugares para dormir, comida y bebida; los miembros subordinados prestan mucha atención para evitar enojar o provocar a los líderes del grupo al desviar la mirada o agacharse para parecer pequeños. Los chimpancés también persiguen el estado y compiten entre sí como lo hacemos nosotros, con hombres que experimentan niveles más altos de estrés que causan aterosclerosis y presión arterial alta. Las chimpancés se acicalan entre sí, con una mujer subordinada acariciando y arreglando el cabello de una mujer superior, tal como lo haría una peluquera humana con un cliente.

Los chimpancés también van a la guerra, y son absolutamente brutales en eso. Cuando otro grupo de chimpancés se entromete en su territorio, los machos se vuelven locos y atacan brutalmente a los alienígenas con palos y piedras hasta que se van. Hemos mejorado enormemente las armas de los chimpancés, pero lo esencial es notablemente similar, y nosotros también somos capaces de mostrar un ferviente odio hacia cualquiera que quiera tomar nuestro tronco de árbol. Todos estos rasgos de búsqueda de estatus, súplica, tribalismo y agresión provienen de una parte primordial del cerebro que comparten los humanos y los chimpancés: **el sistema límbico**.

Encontrado en la parte superior de la columna vertebral, el sistema límbico es el que alberga todos nuestros anhelos, impulsos e imaginaciones más profundos. Ya que el sistema límbico es instintivo, a menudo reacciona antes de que tengamos tiempo para pensar, pero sí creamos una historia elaborada que justifica sus acciones más adelante con nuestro neocórtex, la capa externa del cerebro en la que se envuelve el sistema límbico. El neocórtex fue discutiblemente un producto de la evolución que nos hizo aprender cómo vivir y trabajar juntos, cómo suprimir nuestros instintos y comportarnos como adultos, como, por ejemplo, demandando a alguien en lugar de tratar de sacarnos los ojos si nos molestan.

Si bien podemos considerar a los chimpancés como una rareza y preguntarnos cuánto se parecen a nosotros, no hay manera de comunicarnos con ellos ni de expresar nuestros pensamientos: las ideas y los conceptos humanos están muy lejos de los que están acostumbrados los chimpancés, que no tienen ninguna esperanza de comprendernos. Tampoco tememos a los chimpancés, ni pensamos en ellos como una amenaza, sino que los dejamos en sus propios campos y prados acogedores, es decir, hasta que necesitemos esas áreas en busca de recursos y los expulsemos. ¿Qué van a hacer, contraatacar? Nuestra tecnología superior es más que suficiente para mantenerlos completamente bajo control: tanques, aviones, cohetes y bombas nucleares pueden hacer frente a cualquier levantamiento de chimpancés en poco tiempo. Aparte de eso, podemos fingir que somos amigos, siempre que conozcan su lugar o simplemente los ignoren. ¿Cuándo fue la última vez que los humanos involucraron a los chimpancés en sus decisiones?

En caso de que algunos humanos decidan unir su capacidad cerebral con la de una IA y se conviertan en **cyborgs**, humanos mejorados con implantes electrónicos, todos los demás humanos podrían terminar como chimpancés, viviendo en un nivel tan primitivo que no pueden comunicarse con estos humanos mejorados. Los cyborgs esencialmente tendrían superpoderes y podrían estar presentes en todas partes, haciendo cosas inimaginables, lo cual es similar a lo que Oliver Curry, un psicólogo evolutivo británico, dijo en 2007.[46].

Según Oliver, la influencia de la tecnología conducirá eventualmente a una ruptura entre dos partes de la humanidad: nobles altos, guapos e inteligentes y la clase trabajadora baja, fea y muda. Este proceso ocurriría durante miles de años y esencialmente condenaría a una gran parte de la humanidad a un callejón sin salida genético. Si esto suena como la máquina del tiempo de H.G. Wells, es porque es exactamente eso. La novela fue publicada en 1895 y cuenta la historia de un científico que inventa una máquina del tiempo y se lanza hacia el futuro para presenciar a toda la raza humana dividiéndose en dos: Eloi hermoso y despreocupado que vive en la superficie y morlocks feos que viven en cuevas.

---

[46] http://news.bbc.co.uk/2/hi/uk_news/6057734.stm

Oliver estima que alrededor del año 3000, la raza humana experimentará su punto máximo antes de comenzar un declive debido al uso excesivo de la tecnología, que esencialmente *nos convertiría en sus mascotas domésticas*, alimentándose de nuestras emociones e impulsos cerebrales para potenciarse. La vida útil aumentará a más de 120 años, las enfermedades desaparecerán, las apariencias físicas se volverán impresionantes para significar una excelente salud, y la mezcla racial eliminará diferentes colores de piel, produciendo una mezcla de personas de color café. Entre ese momento y el año 100.000 es cuando todos los humanos perderían toda apariencia de habilidades sociales gracias a la tecnología que elimina la necesidad de comunicarse cara a cara. Todos estarían encerrados en su propia pequeña cámara con el último implante de realidad virtual que les proporcionaría toda la estimulación que pudieran desear. Comparado con eso, la vida cotidiana parece completamente monótona.

En cierto sentido, esta diferenciación ya está sucediendo mientras hablamos, con aquellos lo suficientemente ricos como para comprar los teléfonos inteligentes más recientes y mejores que tienen acceso sin paralelo a bases de datos de información y poder de cómputo que nuestros cerebros ni siquiera pueden comprender. Piense en esto la próxima vez que vea a alguien caminando por la calle con el rostro hundido en la pantalla del teléfono inteligente, ajeno al mundo que los rodea y envuelto en una burbuja propia. Un hecho interesante es que los teléfonos inteligentes, las computadoras y otras tecnologías avanzadas son altamente adictivas, ya que brindan más estímulos de los que jamás hubiéramos encontrado de forma natural. No parece haber un límite superior para este tipo de adicción, y nunca hay suficiente poder de cómputo en la vida de tales adictos, pero son sus órganos humanos los que les impiden dibujar demasiado.

El proyecto ambicioso de Elon Musk, **Neuralink**[47], trata de resolver el problema de los cuellos de botella de información orgánica, como

---

[47] https://www.theverge.com/2017/3/27/15077864/elon-musk-neuralink-brain-computer-interface-ai-cyborgs

la limitación de nuestra visión natural, mediante la creación de un "cordón cerebral" que se insertaría directamente en el tronco cerebral, permitiéndole acceder directamente a Internet o viceversa. Esto es extremadamente experimental y probablemente resultaría en una total confusión del desafortunado paciente, lo que significa que hay muchas personas ansiosas por postrarse debajo del bisturí. Por lo tanto, el neuralink posiblemente se convertiría en una tercera capa cerebral, envolviendo tanto el sistema límbico como el neocórtex, pero serviría exclusivamente para conectarnos con la fuente divina del poder digital.

Lo interesante es que ciertas enfermedades cerebrales se pueden mejorar con implantes cerebrales eléctricos bastante simples que liberan cargas débiles, pero la complejidad de una interfaz cerebro-IA es por ahora solo el dominio de la ciencia ficción; es literalmente una cirugía cerebral, y ningún médico quiere asumir esa responsabilidad. Sin embargo, no necesitamos realmente abrir cráneos e implantar interfaces neuronales en el cerebro para lograr avances en el cuidado de la salud utilizando redes neuronales.

Capítulo 8 - Medicina con la ayuda de un genio digital

Las redes neuronales prometen mejorar el campo médico como ningún otro invento. La atención médica está inundada de tareas de baja categoría que deben realizarse con absoluta urgencia y precisión, como extraer sangre para controlar los niveles de azúcar o medir la presión arterial, lo que requiere un ejército de personal de apoyo que también debe mantener la higiene y hacer el papeleo. Esto crea gastos generales masivos y responsabilidad para cualquier establecimiento médico: un doctor que no tiene idea de los niveles de azúcar en la sangre o presión arterial del paciente corre el riesgo de no reaccionar a tiempo, recetando un medicamento incorrecto o una mala dosis, lo que puede provocar la muerte del paciente o, lo que es peor, una demanda por negligencia profesional.

Incluso el personal médico más humilde necesita una amplia capacitación para evitar lesionar a las personas, pero una red neuronal puede entrenarse a sí misma estudiando datos o simplemente creando un paciente sintético en su mente y practicando en él. Incluir una red neuronal en esta procesión de procedimientos médicos significaría tener un asistente fiable, objetivo e incansable que también sería capaz de proporcionar una segunda opinión sobre cualquier tipo de problema en Internet para reducir la carga legal de los médicos en todo el mundo, permitiendo que actúen con rapidez y con seguridad.

Esta falta de personal de apoyo con capacitación médica es un gran problema en los países del tercer mundo donde la medicina crucial, como la odontología, todavía la realizan los peluqueros con alicates. Las radiografías, en particular, llevan al personal calificado para analizar, y la vida del paciente, a menudo, depende del análisis adecuado. En los casos en que el personal no esté disponible, una red neuronal hará el trabajo tan bien o incluso mejor que un técnico calificado en Internet o localmente, pagándose a sí mismo en el plazo de un año y pudiendo trabajar 24/7/365. Sin embargo, no hay forma de que las redes neuronales y los implantes portátiles reemplacen a los médicos, enfermeras u otro personal médico variado. Siempre que la tecnología se ha introducido de manera sostenible y organizada, se ha llevado a un *aumento* del empleo y la productividad. El tipo de futuro en el que las máquinas y los seres humanos trabajan codo a codo para el beneficio de todos, parece no solo posible, sino el más brillante que se pueda imaginar.

Una red neuronal empleada en el cuidado de la salud podría tener acceso instantáneo a los resultados agregados de millones de casos en cualquier problema de salud dado para detectar síntomas y predecir la progresión de la enfermedad, lo cual es algo para lo que los médicos aún no están preparados. Tal ayudante podría hacer uso de exploraciones de alta definición de una manera que ningún ser humano podría hacer, acercando y explorando cada píxel en busca de signos de cambio en los tejidos, comparando los resultados con la progresión típica de la enfermedad y sugiriendo medicamentos; cuando se trata de medicina, los médicos necesitan toda la ayuda que puedan obtener.

El cuerpo humano es maravillosamente extraño y requiere un equipo de expertos médicos bien entrenados, incluso para comenzar a descubrir qué fue lo que no funcionó cuando se presenta una enfermedad. Primero notamos un leve dolor y algunas molestias antes de que el dolor en sí llegue a niveles insoportables. Eso es cuando ya no podemos funcionar normalmente y tenemos que enfrentarnos al juicio del médico. La parte interesante es que los síntomas externos pueden ser apenas perceptibles, por lo que la decisión de consultar a un médico con signos tempranos de enfermedad podría darnos una mirada de mala calidad a menos que insistamos en que se realicen pruebas de laboratorio que confirmen nuestra experiencia diaria.

Órganos separados dentro del cuerpo actúan entre sí y son impactados por el ambiente exterior en tiempo real, haciendo que la enfermedad fluya y fluya. Esto es particularmente obvio con enfermedades crónicas, como la diabetes, la interrupción del páncreas y la función hepática, que lleva a niveles incontrolables de azúcar en la sangre que hacen que las células se quemen debido a la sobrecarga de energía. El informe nacional de estadísticas de diabetes de 2017 concluyó que el 10% de la población de los Estados Unidos tiene diabetes, lo que la convierte en la séptima causa más común de muerte prematura en los Estados Unidos. La diabetes es verdaderamente una epidemia que afecta a todos, desde bebés de seis meses hasta adolescentes, y es parte de la razón por la cual la Ley de Cuidado de Salud a Bajo Precio (ACA) fue aprobada con tanta prisa: las minorías tienden a ser susceptibles a la diabetes y los empleadores evitan contratar lo que ven como arriesgado en términos de costos de atención médica.

Los ancianos son especialmente vulnerables a la diabetes, ya que afecta al cerebro, interrumpiendo su delicada regulación del azúcar en la sangre para causar demencia y alzhéimer, anudando las células cerebrales hasta el punto de que los médicos ya están compitiendo con el nombre de "diabetes tipo 3". No hay cura para la diabetes, pero se puede manejar a través de elecciones de estilo de vida saludables. El tratamiento adecuado debe involucrar a toda la comunidad para ayudar a los diabéticos a tomar los medicamentos cuando sea necesario y realizar un seguimiento de los niveles de azúcar en la sangre. No se puede confiar en que los diabéticos se cuiden a sí mismos, por lo que debe haber una red de apoyo completa que les brinde alimentos saludables y los inste a mantenerse activos, además de los profesionales médicos que controlan a los diabéticos.

El azúcar en la sangre que oscila enormemente y es causado por la diabetes también puede provocar cambios de humor, alucinaciones y ataques de ira. En las personas jóvenes, estos efectos secundarios son dolorosos, pero en los ancianos que viven solos y no saben cómo buscar atención médica, son trágicos; una vez que experimentan una pérdida de masa muscular (sarcopenia) y una pérdida de densidad ósea, corren el riesgo de sufrir una caída abrumadora que provoca una inmovilización completa y una dependencia total de la ayuda externa. Si el diabético también ha alejado a las personas que más los cuidan, la única alternativa es la atención médica del gobierno, que requiere grandes cantidades de dinero solo para mantener a esta persona en un estado miserable de subsistencia.

Los diabéticos causan una tensión masiva en cualquier sistema de atención médica, ya que en promedio gastan alrededor del 230% de lo que hacen los no diabéticos, con las estadísticas de 2012 que muestran el costo total de la atención médica para los diabéticos de los Estados Unidos en $ 245 mil millones al año. Con la esperanza de vida en aumento, parece que el futuro estará lleno de ancianos malhumorados, frágiles e inmóviles que no tienen idea de dónde están y de cómo llegaron allí, teniendo al resto de la sociedad totalmente ocupada cuidándolos. Eso es a menos que podamos hacer redes neuronales que ayuden.

Para cuando notamos los síntomas de la enfermedad, ya está en marcha, pero los implantes médicos y los portátiles podrían proporcionar un flujo constante de valores corporales a una red neuronal que podría estimar los riesgos de la enfermedad, lo que permitiría un monitoreo constante de valores bajos, como la glucosa en la sangre y la presión arterial a un costo muy bajo. Ya está sucediendo en el mercado de consumo y Apple Watch 4, revelado en septiembre de 2018, está listo para ser enviado con la capacidad de controlar el pulso y la presión arterial en busca de signos de un ataque al corazón[48]. El mercado de dispositivos médicos pulidos es completamente inexplorado, y Apple está haciendo algo inteligente para atender a los ricos y sensibles para probar la tecnología que también funciona como un símbolo de estatus.

Incluso aquellos que no pueden pagar los productos de Apple pueden beneficiarse de los dispositivos médicos usados en el hogar que informan los hallazgos al médico. Un estudio canadiense de 2009[49] examinó 26 estudios que cubrían a 5069 diabéticos y encontró que aquellos que utilizan esa tecnología de telemonitorización en el hogar tenían una calidad de vida mucho mejor en comparación con aquellos que simplemente tenían acceso a la asistencia telefónica. En general, el telecontrol domiciliario ayudó a los diabéticos a mantener su nivel de azúcar en la sangre bajo control, redujo la cantidad de incidentes que requerían hospitalización y redujo la cantidad de días que un diabético estaba hospitalizado.

La diabetes afecta a todos los sistemas del cuerpo, lo que hace que los mecanismos internos de autorregulación se desordenen, pero los puntos corporales más delicados son los pies, la piel y los ojos debido a los frágiles sistemas vasculares presentes que se ven afectados por el alto nivel de azúcar en la sangre y la presión arterial alta, así que no es sorpresa que la mayoría de los implantes portátiles se centren en mejorar el impacto de la diabetes en esos tres. La forma más común de usar estos implantes en este momento es hacer que se comuniquen con una aplicación de teléfono inteligente utilizando estados binarios: el problema está presente o no, pero las redes neuronales podrían recopilar datos de manera continua para

---

[48] https://www.zdnet.com/google-amp/article/apple-watch-4-why-digital-healths-future-depends-on-apple-finding-a-partner/

[49] https://www.researchgate.net/publication/26296275_Home_telehealth_for_diabetes_management_A_systematic_review_and_meta-analysis

crear una imagen precisa. El diagnóstico optimizado se adapta perfectamente al paciente y lo ayuda a recuperarse de la manera más efectiva posible.

El parche para la piel FreeStyle Libre de la compañía farmacéutica Abbott se usa en la parte posterior del brazo y mide el azúcar en la sangre usando un filamento diminuto que escanea el flujo sanguíneo arterial. El parche para la piel se reporta a un escáner de mano que funciona a través de la ropa, por lo que el paciente ni siquiera tiene que desvestirse, pero estos dispositivos portátiles se pueden conectar fácilmente a una aplicación de teléfono inteligente para informar del estado al diabético. Eccrine Systems, Inc. hizo un parche en la piel que toma muestras de sudor para las lecturas de azúcar en la sangre y puede liberar la insulina en el torrente sanguíneo sin usar agujas. Esto se traduce en que no habrá más pinchazos ni sangrado. GoogleX es la rama experimental de Google a cargo de todo tipo de proyectos extravagantes y dispositivos de prueba de concepto, como lentes de contacto que toman muestras de líquido lacrimógeno para medir la glucosa y ayudan a los diabéticos a ver mejor. La idea fue patentada en 2015.

Finalmente, se puede ayudar a los diabéticos con calcetines inteligentes para mantener la diabetes bajo el talón. El hormigueo y la mala circulación periférica en los pies son los primeros signos de una diabetes inminente, y la causa exacta también es un alto nivel de azúcar en la sangre y presión arterial. Si se deja sin tratar, uno o ambos pies, o incluso las piernas, tienen que ser amputados para evitar que la podredumbre se propague al abdomen. Los calcetines con sensores de calor incorporados serían capaces de detectar el flujo de sangre debajo de la piel y advertir a la persona a través de una aplicación de teléfono inteligente para que comience a moverse para poner en marcha la circulación o detenerse en un solo pie mientras ayuda a encontrar pequeños cortes que se infectan en diabéticos a un nivel alarmante.

Suena a mentira, pero algunas de las mentes más inteligentes en tecnología están trabajando en calcetines inteligentes para diabéticos, ya que los costos de simplemente mantenerlos con vida son tan inmensos que una mera reducción del 1% sería digna de un premio Nobel. Imagine doctores alemanes del Instituto Fraunhofer y doctores estadounidenses de la Universidad de Arizona reunidos para crear un calcetín inteligente con los sensores más avanzados del mercado y ser frustrados por una lavadora. Hasta ahora, ningún diseño de calcetines inteligentes ha sobrevivido al lavado repetido, pero Smart Sox debería permanecer en los cajones de los calcetines de los consumidores para el año 2021.

¿Por qué detenerse en prendas portátiles? Actualmente la tecnología es lo suficientemente segura como para ser implantada directamente en el cuerpo bajo anestesia local sin hospitalización que ocuparía una cama preciosa. Simplemente deje a la persona diabética en su hogar, revíselo por Internet y haga gotear el medicamento de forma remota; ni siquiera tienen que levantar un dedo. En este momento, los medicamentos para la diabetes vienen en forma de bombas o inyecciones, dependiendo de lo que necesite el diabético para administrar la dosis correcta en el momento adecuado. Sin embargo, imagínese a alguien en esa condición que se va de vacaciones y cargado de kits de insulina: es suficiente para enviar sus niveles de estrés hasta el techo. La primera idea detrás de la tecnología implantable para diabéticos es un páncreas artificial.

Viacyte está preparando VC-01, un páncreas artificial que aún se está probando en cuatro valientes voluntarios diabéticos que están enfermos y cansados de administrar insulina; contiene células madre y debería llegar al mercado en 2021. Joan Taylor, de la Universidad De Montfort de Leicester, es un profesor del Reino Unido que investiga implantes médicos mínimamente invasivos. En este caso, se le ocurrió un páncreas del tamaño de un reloj que consiste en un gel biológicamente compatible que libera gradualmente la insulina basándose en los niveles de glucosa en la sangre. Intarcia está desarrollando ITCA 650, un implante de insulina del tamaño de una cerilla que goteará exenatida, un medicamento auxiliar comúnmente tomado con metformina, el medicamento principal para tratar los síntomas de la diabetes. La forma habitual de administrar exenatida es pinchando el abdomen una o dos veces por semana, pero el ITCA 650 durará hasta un año antes de necesitar un reemplazo.

¿Debemos confiar en este tipo de tecnología? Toda la tecnología tiene una pequeña posibilidad de fallos catastróficos, ya que la electrónica es particularmente vulnerable a las descargas eléctricas del sol (también conocidas como erupciones solares) y otras perturbaciones magnéticas. Esto se aplica también a los dispositivos médicos e implantes, pero la idea siempre es tener sistemas redundantes listos para activarse si fallan los componentes electrónicos. Es una buena idea hacer una copia de seguridad de todo en papel o en un formato fuera de línea para un "por si acaso". El almacenamiento es muy barato y hace que cualquier fusión tecnológica sea una molestia en lugar de un desastre. El software utilizado en todas las computadoras tiene errores y, aunque esto no se aplica técnicamente a las redes neuronales, aún pueden experimentar el equivalente humano de los fallos mentales y comenzar a producir resultados incomprensibles debido a causas desconocidas, como vimos con TranslateGate.

Depende de cada persona reflexionar sobre la tecnología inteligente, como los calcetines y los dispositivos implantables, y decidir si eso es lo que realmente necesitan en su cuerpo. Solo si las ventajas son mayores que las desventajas, esa tecnología potencialmente intrusiva será parte de nuestra existencia; no debemos abrazar ni desechar abiertamente nada que pueda cambiar nuestra vida de manera fundamental. Mientras tanto, la investigación sobre cómo implementar redes neuronales en el cuidado de la salud continúa.

Radiografías de tórax

Un documento titulado "¿Puede la inteligencia artificial realizar un reporte de manera fiable de los rayos X de tórax?"[50] Examina el caso de una red neuronal entrenada con 1,2 millones de imágenes de

---

[50] https://arxiv.org/pdf/1807.07455.pdf

rayos X y el proceso de aprendizaje profundo para ayudar a los radiólogos donde hay escasez de personal o donde el personal no tiene experiencia. La red neuronal se entrenó específicamente para detectar nueve anomalías torácicas y luego se probó en una muestra de 2000 radiografías sin uso contra la mayoría de los tres radiólogos humanos, que muestran un rendimiento comparable al de los humanos. La idea es que las áreas de bajos recursos del mundo tengan mayor acceso a las máquinas de rayos X que el personal capaz de leerlas correctamente, por lo que una red neuronal de este tipo podría acceder a imágenes remotas de rayos X de pacientes y brindar un diagnóstico instantáneo en casos como la tuberculosis, donde una radiografía puede proporcionar más información sobre el progreso de la enfermedad que cualquier otra prueba clínica.

Estimación de la enfermedad pulmonar

"Aprendizaje profundo de las proporciones de la etiqueta para la cuantificación del enfisema"[51] muestra cómo un grupo de médicos daneses entrenaron una red neuronal utilizando el aprendizaje profundo para identificar la gravedad del enfisema (agrandamiento anormal del tejido alveolar) en los pacientes. La red neuronal se entrenó primero utilizando muestras etiquetadas por médicos humanos, como "enfisema del 1-5%" y luego se probó de forma independiente en muestras etiquetadas usando métodos tradicionales, como la densitometría pulmonar. La red neuronal superó a todos los métodos conocidos para evaluar el enfisema en un 7-15% gracias a una capa de arquitectura oculta que estimó el volumen de enfisema a partir de muestras etiquetadas proporcionadas por humanos y podía predecir correctamente la propagación de la enfermedad a la par de los especialistas humanos.

"Cuantificación de las anomalías pulmonares en la fibrosis quística mediante el uso de Deep Networks"[52] es un trabajo de investigación

---

[51] https://arxiv.org/pdf/1807.08601.pdf

[52] https://arxiv.org/pdf/1803.07991.pdf

en colaboración de médicos holandeses, portugueses y daneses que intentan salvar cualquier tejido pulmonar que sea viable en pacientes afectados por fibrosis quística (FQ), un trastorno genético que afecta más comúnmente a los caucásicos. La FQ se materializa como una mucosidad anormalmente espesa secretada en los pulmones que obstruye los capilares alveolares finos, causando infecciones y problemas para respirar; El moco normalmente es resbaladizo y fluye libremente para evitar que las membranas mucosas se sequen. Existen medicamentos para tratar la FQ, pero se administran diariamente mediante inyecciones venosas que pueden dañar las venas y causar una pérdida catastrófica de la autoconfianza. Dado que la FQ es genética, no hay cura, pero el tratamiento temprano puede ayudar enormemente a salvar los pulmones del paciente y, por lo tanto, su calidad de vida.

Se asignaron dos capas a la tarea en la red neuronal. La primera fue etiquetada como tejido sano y enfermo, mientras que la segunda clasificó tres problemas diferentes en el tejido dañado: daño a las vías respiratorias, obstrucciones de moco y deflación de alvéolos, grupos similares a la uvas que absorben oxígeno en la sangre. Se necesitaron diferentes capas para ajustar con precisión la detección de enfermedades que de otra manera estarían demasiado inclinadas hacia resultados falsos positivos. Mediante el uso de 194 tomografías computarizadas con píxeles de mapa de calor de niños con FQ que tenían un promedio de nueve años de edad, a la red neuronal se le enseñó cómo reconocer los síntomas tempranos, el progreso y la ruta más probable de desarrollo. De los 194 pacientes, 50 no mostraron ningún signo de la enfermedad, por lo que se utilizaron como prueba.

Se colocó una rejilla fina sobre las exploraciones pulmonares, y cada cuadrado medía aproximadamente ½ por ½ pulgada. Se enseñó a la red neuronal a reconocer diferentes texturas y se le indicó que marcara cada casilla como enferma si más del 50% de su superficie mostraba dicha textura. Al tejer cuidadosamente dos capas y midiendo los patrones de aprendizaje de la red neuronal, los autores del artículo lograron una precisión casi un 50% mayor en el análisis de la exploración de la FQ que una red neuronal de una sola capa utilizada en procedimientos similares.

Estimación del tumor cerebral

Los tumores también se pueden medir utilizando redes neuronales entrenadas en el aprendizaje profundo, como se muestra en "Redes neuronales convolucionales 3D para la segmentación de tumores que utilizan un contexto 2D de largo alcance"[53]. Las redes neuronales entrenadas tradicionalmente muestran una asombrosa precisión en la evaluación de tumores a partir de imágenes de RM secuencial (resonancia magnética), pero su costo computacional impide que el concepto se amplíe. Sin embargo, las redes neuronales entrenadas con aprendizaje profundo pueden superar las limitaciones de la arquitectura para combinar imágenes en 2D en una representación de vóxeles en 3D del órgano, en este caso, del cerebro y las partes afectadas por los gliomas, el tipo más común de tumor cerebral. La red puede incluso llenar los vacíos en los que faltan algunas de las imágenes de RM, ya que sus nodos votan sobre el resultado más probable y evalúan los votos. La mayor ventaja de esta red neuronal es que estandariza el trabajo que realizan normalmente los seres humanos, que difieren mucho en su estimación de las áreas afectadas.

Detección de soplo cardíaco

"Detección de soplos mediante redes neuronales recurrentes y convolucionales paralelas"[54] propone una forma novedosa de detectar irregularidades en los latidos del corazón que pueden escucharse a través del tórax mediante un dispositivo de escucha, por lo que los médicos usan estetoscopios. Los soplos cardíacos se producen debido a causas fisiológicas, como el estrés, o debido a

---

[53] https://arxiv.org/pdf/1807.08599.pdf

[54] https://arxiv.org/pdf/1808.04411.pdf

defectos graves, como la deformación de las válvulas cardíacas. Este último es particularmente grave y puede indicar que la persona sufre de problemas de salud como fiebre, anemia, problemas de tiroides y presión arterial alta. El médico determina esto al escuchar la actividad del músculo cardíaco que debe consistir en dos golpes fuertes debido a las contracciones y los sonidos menores causados por el flujo sanguíneo y la actividad de la válvula. Se requieren años de experiencia para distinguir las causas benignas de las malignas del soplo cardíaco, que es donde entran las redes neuronales.

El documento de detección de soplos sugiere presentar el latido del corazón de cualquier paciente como una forma de onda, lo que significa un conjunto de puntos de datos en dos dimensiones que se pueden dividir visual y acústicamente en segmentos particulares para la evaluación de grano fino. Los datos acústicos se recopilaron a partir de conjuntos de datos médicos de código abierto con un total de 3040 registros normales y 143 soplos, se procesaron un poco para eliminar cualquier ruido y se enviaron a dos redes neuronales distintas que trabajan juntas para distinguir una de la otra. Terminaron teniendo una eficiencia de 87-98% cuando se trataba de buscar coincidencias en los datos de normal con lo normal y soplos con soplos.

Evaluación del cáncer de próstata

"Segmentación del epitelio que usa el aprendizaje profundo en muestras de próstata teñidas con H&E con inmunohistoquímica como estándar de referencia" [55] sugiere una manera de ayudar a estimar el grado de cáncer de próstata utilizando redes neuronales. Considerada como la forma más común de cáncer que solo afecta a los hombres, el cáncer de próstata tiene 1.1 millones de nuevos diagnósticos mundiales al año y el primer signo de problemas es un alto nivel en la sangre de un determinado antígeno, probado con análisis de sangre o agrandamiento de la próstata, que se analiza manualmente.

---

[55] https://arxiv.org/pdf/1808.05883.pdf

La forma tradicional de confirmar el cáncer de próstata es mediante la inserción de una aguja hueca en la próstata para tomar una pequeña muestra de tejido que luego se tiñe con hematoxilina y eosina (H&E), que cambian de azul a rojo según la composición del tejido. Esto permite un fácil reconocimiento del citoplasma, músculo, colágeno, etc., por un médico profesional. Cada uno de estos portaobjetos teñidos se clasifica para estimar la propagación del cáncer de próstata y las posibilidades de remisión. Esta es una parte crítica, tediosa y que consume mucho tiempo, ya que la muestra de tejido de la próstata se repite hasta una docena de veces en un solo paciente para confirmar los hallazgos anteriores.

El problema de la detección automática del cáncer de próstata es que una diapositiva generada a partir de una muestra de tejido prostático puede tener muchos puntos de datos ruidosos, como componentes inflamatorios. Dichas diapositivas tendrían que ser laboriosamente anotadas por expertos médicos para ayudar a entrenar la red neuronal, pero los autores del artículo resuelven este problema al intentar el análisis de imágenes en un nivel de píxeles. El conjunto de datos de entrenamiento utilizó 102 diapositivas digitalizadas de muestras de tejido de próstata, y la red neuronal logró una precisión del 89%, y los autores señalaron que las diapositivas de tinción deberían tener una resolución más alta para permitir un acercamiento adecuado para una mayor precisión. El objetivo es, eventualmente, tener un algoritmo de detección de cáncer de próstata totalmente automatizado que describa las áreas potenciales de cáncer en las diapositivas con una precisión del 99-100% y el médico confirme el diagnóstico.

Predicción de la enfermedad de alzhéimer

Mencionamos la diabetes y cómo afecta al cerebro, en particular, cómo hace que las proteínas se acumulen en ciertos tejidos del cerebro para provocar nudos que conducen a la enfermedad de alzhéimer (EA), convirtiendo a una persona en una sombra de lo que era antes. Predecir no solo la enfermedad de alzhéimer, sino también la forma en que resultará un paciente, es una tarea ingrata porque cada enfermedad tiene una serie de síntomas comunes y una especie de florecimiento que es exclusivo de esa persona y tiene que ver con sus genes, entorno, hábitos, etc. Los doctores comúnmente buscan estos puntos en común y los tratan, pero ignoran el florecimiento, lo que significa que la enfermedad ha sido moderada, pero no derrotada.

Esta combinación de síntomas comunes y un efecto único es la razón por la que los médicos brindan una línea de tiempo aproximada de regresión mental en los casos de EA, pero las redes neuronales pueden ayudarnos a analizar los detalles, desentrañar la progresión de esta enfermedad maligna y conocer el camino exacto que la EA tomará en cualquier caso dado. El documento de investigación "Uso del aprendizaje profundo para el pronóstico completo y personalizado de la progresión de la enfermedad de alzhéimer"[56] examina los datos de 1908 pacientes con deterioro cognitivo o EA y trata de descubrir cómo las pruebas cognitivas, los resultados de laboratorio y los signos clínicos, predicen la progresión de cada paciente de su dolencia.

A la red neuronal se le proporcionan todos los datos del paciente y se le permite usar un aprendizaje no supervisado para predecir cómo se correlacionan las pruebas, los resultados y los signos, lo que permite a los profesionales médicos avanzar rápidamente a cualquier punto futuro en el estado de un paciente con AD y ver su condición. Este modelo de simulación se denomina apropiadamente "medicina computacional de precisión" e involucra datos médicos altamente preprocesados en cada paciente, como los niveles de colesterol, potasio, hemoglobina y triglicéridos en sangre, peso, edad, región geográfica y frecuencia cardíaca, dando predicciones y asignando probabilidades a cada uno.

---

[56] https://arxiv.org/pdf/1807.03876.pdf

La conclusión fue que la red neuronal mostró correctamente hasta 18 meses de progreso de demencia y se desempeñó a la par de las redes neuronales de capacitación supervisadas, lo que ayudó a los profesionales médicos a construir perfiles detallados de AD y estimaciones de riesgo en profundidad. Es muy probable que este tipo de enfoque de redes neuronales conduzca a la creación de una medicina personalizada donde no haya pruebas innecesarias, esperas angustiosas y medicamentos desperdiciados, ya que los médicos finalmente pueden evitar esta y otras enfermedades en el pase.

Generación sintética del paciente

Un hospital moderno en un centro urbano tiene una gran cantidad de pacientes y un problema crónico de registrar todos sus síntomas. Es posible que el personal médico no preste atención a todos los datos, los médicos no tengan la letra más legible e incluso a los pacientes mismos no les importe el papeleo; solo quieren que todo se solucione lo antes posible. En resumen, esto crea un desorden que se agrava a medida que los pacientes continúan llegando y todas las enfermedades se mezclan en una gran mancha. ¿Cómo digitalizamos estos datos? ¿Cómo alguien busca o clasifica cualquier dato relacionado con esto?

"Generación sintética de pacientes"[57] presenta la idea de utilizar redes neuronales para crear perfiles de pacientes detallados y todos los síntomas asociados con una enfermedad determinada. La red neuronal se alimentó por primera vez con datos médicos precisos que abarcan nueve años de funcionamiento del hospital de Tanzania y luego se capacitó para reconocer patrones subyacentes. Los datos consistieron en género, edad, síntomas, diagnóstico, época del año, pruebas ordenadas, sus resultados y tratamiento. La idea era completar y aclarar las dudas en los casos en que los datos médicos del paciente son desconocidos o estimar el diagnóstico utilizando datos de perfil de fondo, no con absoluta certeza, sino con un alto grado de certeza.

---

[57] https://arxiv.org/ftp/arxiv/papers/1808/1808.06444.pdf

La red neuronal utilizada para esta tarea consistía en un codificador que transformaba todas las entradas de datos en vectores de dimensiones inferiores que luego alimentaban al decodificador y la salida se comparaba con la entrada, por lo que se entrenaba y probaba la red de una sola vez. Los datos sin procesar y decodificados que se muestran juntos en un diagrama de dispersión muestran cómo la red neuronal, al principio, agrupó todos los datos decodificados, pero luego, finalmente, aprendió a distribuirlos en los resultados puntuales que estaban ligeramente apagados. Sin embargo, por lo demás, no se distinguen de los datos reales del paciente. Al final, se pidió a los médicos que evaluaran un conjunto de datos de los síntomas del paciente que consistía en perfiles reales y sintéticos, con el objetivo de distinguir cuál es cuál. Los médicos identificaron el 20% de los perfiles sintéticos como sintéticos, el 23% de los perfiles reales como sintéticos y el 80% de los perfiles sintéticos como reales.

Predicción de los efectos de la medicación

La compañía farmacéutica tiene que invertir mucho tiempo y dinero para impulsar la medicación en un mercado abierto. Dado que cada cuerpo reacciona de manera diferente a la misma sustancia, existe un gran riesgo inherente al tratar de predecir los efectos y los efectos secundarios. Es una apuesta que vale la pena. Viagra (sildenafil) en realidad se probó como un medicamento para la hipertensión en la década de 1990 hasta que los voluntarios informaron de erecciones potentes, por lo que la compañía farmacéutica lo comercializó como tal para recuperar los costos de investigación originales que pueden llegar a miles de millones y no producir un medicamento que valga la pena. Viagra obtuvo $ 2 mil millones solamente en 2008.

"Aprendizaje profundo para la predicción in vitro de formulaciones farmacéuticas"[58] apunta a un objetivo elevado de entrenar una red neuronal para analizar los efectos secundarios de los medicamentos

---

[58] https://arxiv.org/ftp/arxiv/papers/1809/1809.02069.pdf

conocidos e inferir lo que sucederá cuando se administre un nuevo medicamento a los humanos. Al igual que vimos en otros ejemplos, donde una red neuronal está involucrada en el procesamiento de datos, no existe una certeza absoluta, sino un grado de posibilidad que conlleva un riesgo de error. El ahorro de precios que implica alejarse de los ensayos clínicos costosos debería ser suficiente para compensar el riesgo. Con la ayuda de la computación clásica para crear medicamentos desde cero, los médicos pueden analizar miles de medicamentos diferentes y descartar inmediatamente los más dañinos mientras usan los informes acumulados de los medicamentos que se probaron para encontrar las sustancias más prometedoras.

Las redes neuronales se utilizaron previamente en una vena similar para predecir el posible daño hepático de los medicamentos con un buen efecto, mejor que cualquier otro modelo de aprendizaje automático. Dado que este tipo de datos generalmente no está disponible para un análisis fácil, la red neuronal puede completar los espacios en blanco de los datos existentes y estimar la trayectoria clínica futura de cualquier medicamento nuevo. En este caso, la red neuronal se probó para predecir la solubilidad en agua de los medicamentos mediante el uso de 276 descripciones conocidas recopiladas de los repositorios de conocimientos médicos; el conjunto de datos de prueba consistió en nueve valores separados para cada medicamento que describieron su complejidad, como el peso molecular y los recuentos de enlaces de hidrógeno. La red neuronal predijo correctamente la solubilidad para el 95,57% de las pastillas orales de disolución rápida y el 82,02% para las de disolución lenta.

Análisis de ultrasonido fetal

Saber que ella carga en su vientre una gran alegría puede ser la experiencia más emocionante para una mujer y que también la llena de inquietudes e incertidumbres. Los médicos pueden hacer muy poco para garantizar el desarrollo adecuado de un bebé, excepto observar, que generalmente se realiza con ultrasonido. Ver a su bebé en una pantalla granulada de baja resolución es generalmente una ocasión solemne para la feliz pareja, incluido el padre que asiente y sonríe, pero los médicos utilizan el ultrasonido para evaluar el desarrollo de la cabeza del bebé, el indicador más delicado de todos acerca de las posibles deformidades. Si el médico no está seguro, ordenará pruebas, más pruebas e incluso más pruebas, pero con la ayuda de redes neuronales, esto podría ser completamente innecesario.

"La evaluación automática de la biometría de la cabeza fetal a partir de imágenes de ultrasonido con aprendizaje automático"[59] tiene como objetivo ayudar a los médicos que, hasta este punto, tenían que medir y estimar manualmente la circunferencia de la cabeza del bebé, el signo más obvio de la salud. Los artefactos mencionados anteriormente en las imágenes de ultrasonido son otro problema, pero las redes neuronales tienen una dosis sólida de tolerancia al error y una forma de reemplazar los datos perdidos con estimados al azar difusos. Las redes neuronales generalmente se benefician de tener un conjunto de datos bien anotados, lo que significa que deben capacitarse o permitir entrenarse a sí mismos utilizando datos de alta calidad, pero en el caso de la ecografía fetal, este tipo de datos a menudo es incompleto o falta.

La red neuronal se entrena utilizando lo que se conoce sobre la anatomía de la cabeza fetal para detectar los píxeles del límite de la cabeza en la imagen y luego dibujar una elipse alrededor de la cabeza. En los casos en que el médico haya colocado un ultrasonido en una posición incorrecta, la red neuronal usará reglas conocidas de propagación de ultrasonido para diferenciar el tejido materno, como la placenta, de la cabeza del bebé.

Esta prueba se realizó con 102 imágenes reales de ultrasonido para bebés tomadas con la máquina de ultrasonido Samsung WS80A en

---

[59] https://arxiv.org/pdf/1808.06150.pdf

Seúl. Se utilizaron 70 imágenes adicionales para la prueba. Esta consistió en identificar correctamente el cráneo y las partes del cerebro del bebé: cavum septum pellucidum y cisterna ambiental. A dos médicos se les administró de forma independiente el mismo examen y luego se evaluó por separado el trabajo de la red neuronal. En promedio, los médicos encontraron que el 87.14% del trabajo de la red neuronal es correcto; en comparación, los doctores encontraron que el trabajo de cada uno era correcto al 100%.

Detección de autismo

Dustin Hoffman hizo un trabajo fenomenal al retratar a un joven autista-sabio al que legaron millones en Rain Man, hasta el punto en que la película obtuvo cuatro premios de la Academia en 1989, pero la vida no es de color tan rosa para los autistas reales. A menudo, no pueden funcionar en un nivel básico sin un cuidador. A pesar de que el autismo tiene el potencial de ser una enfermedad profundamente debilitante, todavía no tenemos la menor idea de qué es lo que la causa, razón por la cual el autismo generalmente se considera como un "trastorno del espectro", con algunos autistas que tienen discapacidades leves que pueden ser ayudados por la disciplina y otros que han perturbado gravemente la química cerebral. Los primeros signos de autismo se observan tan pronto como el niño es capaz de realizar movimientos motores finos, ya que a menudo acumula o alinea las cosas de acuerdo con sus propias reglas insondables, pero hasta ahora no había una forma definitiva de establecer un diagnóstico. El énfasis está en el "era", ya que ahora tenemos redes neuronales.

"Interpretación de biomarcadores cerebrales para TEA usando Aprendizaje Profundo y IRMf"[60] postula el uso de redes neuronales como una forma de asomarse a los cerebros de niños con un trastorno del espectro autista (TEA) y descubrir qué está sucediendo. El primer paso para abordar el TEA es comparar los cambios en el

---

[60] https://arxiv.org/pdf/1808.08296.pdf

flujo sanguíneo en los cerebros de individuos que funcionan normalmente y en aquellos con TEA mediante una técnica de diagnóstico por imágenes conocida como IRMf (IRM funcional). Ochenta y dos niños con TEA y cuarenta y ocho sanos se sometieron a imágenes del flujo sanguíneo cerebral mientras seguían un conjunto de puntos en la pantalla, y las imágenes se comparaban mediante la red neuronal que encontraba la diferencia en las regiones cerebrales activadas. En general, los niños con TEA mostraron un 50-100% más de regiones cerebrales activadas en comparación con individuos sanos, lo que implica que el autismo es cuando el cerebro se pone a toda marcha por una serie de causas desconocidas.

Detección de cáncer temprana

El cáncer es una enfermedad vil, una que se desarrolla subrepticiamente en el cuerpo y secuestra los sistemas corporales uno por uno, modificando la expresión génica en las células de tal manera que se vuelve imparable. Por ejemplo, las células tienen una fecha de caducidad y un gen para la apoptosis, que es, en esencia, un botón de autodestrucción, pero el cáncer desactiva la apoptosis y hace que la célula sea inmortal. Las estadísticas de Cancer Research UK[61] del 2013-15 muestran que cada dos minutos se produce un nuevo diagnóstico de cáncer solo en el Reino Unido, que llega a unos 366,000 casos nuevos cada año y casi la mitad de ellos se diagnostican en etapas avanzadas cuando el tratamiento se convierte en una lucha desesperada por sobrevivir. Los médicos realmente están empezando a perder la carrera contra el cáncer, y todo parece perdido hasta el punto de que podrían comenzar a hacer trampa utilizando redes neuronales para la detección temprana.

"Aprendizaje estructural adaptativo de la red de creencias profundas para los datos de exámenes médicos y su extracción de conocimientos mediante el uso de C4.5"[62] sugiere que se

---

[61] https://www.cancerresearchuk.org/health-professional/cancer-statistics/incidence#heading-Zero

[62] https://arxiv.org/pdf/1808.08777.pdf

proporcionen datos completos de pacientes con cáncer a una red neuronal especialmente diseñada y que permita determinar cuándo y dónde se manifestará o manifestó el cáncer en el cuerpo y rastrear la causa. Dado que los pacientes con cáncer pasan mucho tiempo en un hospital, hay una enorme cantidad de datos médicos sobre el progreso del cáncer, pero los factores que conducen a su aparición siguen siendo difíciles de alcanzar. Incluso cuando los estudios controlados exponen a los ratones a estos factores carcinogénicos conocidos, no se sabe cuánto se aplica a los seres humanos, ya que nos movemos libremente y podemos estar expuestos a cantidades mínimas de cualquier factor, cuyas combinaciones podrían conducir al cáncer propiamente dicho.

La FDA encarga un informe sobre carcinógenos cada pocos años, por lo que en mayo de 2018, el Departamento de Salud y Servicios Humanos de los Estados Unidos redactó un informe sobre Helicobacter pylori[63], una bacteria resistente que invade el tracto digestivo de los seres humanos y se come el forro protector que causa acidez estomacal y calambres, úlceras, e incluso cáncer de estómago. Alrededor del 36% de la población de los Estados Unidos y el 50% de la población mundial total tienen H. pylori sin darse cuenta debido al mal saneamiento y la mala calidad del agua[64], lo cual es un problema enorme en áreas aisladas de la nación y con minorías, pero se ha encontrado incluso en grifos y agua embotellada en Suecia, con algunas investigaciones que sugieren que puede sobrevivir a la cloración. Existe cierta controversia en cuanto a cuánto contribuye H. pylori a cualquier tipo de cáncer dado, pero dos investigadores en realidad ganaron un Premio Nobel en 2005 por vincular definitivamente a este desagradable invasor con úlceras gástricas, e indirectamente, con el cáncer.

---

[63] https://ntp.niehs.nih.gov/ntp/roc/draftmono/hpyloridraftmonograph_508.pdf

[64] https://ntp.niehs.nih.gov/pubhealth/roc/listings/hpylori/index.html

De todos modos, los autores de este artículo decidieron utilizar el enfoque de caja negra para construir una red neuronal adecuada, con la idea de que los factores cancerígenos se pueden representar como funciones y se pueden aproximar adecuadamente de una manera que nadie realmente entiende, pero que produce resultados válidos con un alto grado de certeza. Los datos médicos de los pacientes, como el IMC, la altura, la salud visual y la frecuencia auditiva se dividieron en categorías y se representaron como flotantes, enteros o códigos para simplificar a un total de 100.000 personas y sus 5.900.000 datos recopilados durante los chequeos médicos rutinarios en Hiroshima, Japón, en el transcurso de tres años. Cada persona también hizo cuatro imágenes: tomografía computarizada de rayos X de pulmón, mama y estómago, y los médicos humanos evaluaron cada imagen y la etiquetaron como "normal" o "anormal". Los datos se dividieron aleatoriamente en 80.000 registros utilizados para el entrenamiento y 20,000 utilizados para las pruebas.

Las pruebas demostraron que la red neuronal, llamada "Adaptive Deep Belief Network", reconoció con precisión qué pacientes desarrollarán cáncer de pulmón en el 95,5% de los casos y en el 94,3% de los casos de cáncer de estómago. El ajuste preciso de la red neuronal con dos algoritmos aumentó la precisión aún más: 98.1% de tasa de detección de cáncer de pulmón y 98% de estómago. Los dos algoritmos funcionaron esencialmente como parches de software tradicionales mediante la reparación de ciertos circuitos neuronales, la red neuronal desactivada, el pensamiento inútil y sin profundizar en la arquitectura de la caja negra.

Las conclusiones finales fueron que la red neuronal descubrió anomalías en los glóbulos blancos como la señal más frecuente de cáncer en general; niveles anormales de enzimas hepáticas GOT, GPT y gamma-GPT como signos de cáncer de estómago; y albúmina y niveles totales de proteínas como signos de cáncer de pulmón. Aunque estos niveles de análisis de sangre no se asocian comúnmente con el cáncer, la coincidencia interesante es que los médicos han informado de estas anomalías en pacientes con cáncer antes de la investigación de la red neuronal. Debido a que los médicos generalmente son cautelosos a la hora de sacar conclusiones, estos hallazgos serán corroborados aún más por los exámenes médicos antes de ser incluidos en el arsenal de herramientas para luchar contra el cáncer.

Conclusión

El aprendizaje profundo y las redes neuronales prometen un futuro interesante. La forma convencional en que hacemos ciencia resultaba ser extremadamente inexacta hasta el punto en que obtenemos respuestas muy diferentes simplemente cambiando la forma en que redondeamos los números, pero el consenso científico hasta el momento era descartar estas irregularidades como errores estadísticos en lugar de exigir un cambio de paradigma. Los científicos ahora se están centrando en crear inteligencia artificial, una máquina de pensamiento que pueda realizar las matemáticas por nosotros y presentar sus hallazgos de una manera completamente objetiva, sin sesgos personales. Sin embargo, las cosas pueden ir muy mal, pero no de una manera *tipo terminator*.

Un futuro potencial que podríamos enfrentar con las redes neuronales es el de redes estrechamente definidas y entrenadas que se utilizan apresuradamente para las que no están destinadas a capitalizar los sentimientos de la euforia, creando una gran cantidad de asistentes digitales lobotomizados que se consideran brillantes. Al menos en el futuro de *Terminator*, a las víctimas se les otorgaría la dulce liberación de la muerte, pero en nuestra línea de tiempo, podríamos sufrir la tiranía del hardware costoso vendido como revolucionario solo porque tiene acceso a una red neuronal que no funciona como se anuncia; fingiremos que lo hace porque es lo nuevo y atractivo que está de moda.

La idea principal de experimentar con las redes neuronales y la inteligencia artificial es que los humanos son falibles, y eso está bien. No podemos alcanzar la perfección, excepto en teoría, lo que significa que cualquier acción concreta que realicemos con ese propósito, como intentar crear un asistente digital perfecto, podría causarnos un estrés excesivo. La verdadera fuente de peligro provendría de las corporaciones preparadas para ganar tanto dinero de la locura de las redes neuronales y, al mismo tiempo, poner en peligro la esencia misma de nuestra existencia digital.

Aunque hemos creado estructuras que sirven para suavizar el golpe de la presión evolutiva en los seres humanos, el mundo de los negocios corporativos es de lo más implacable, reavivando el instinto asesino de los ejecutivos corporativos que no pueden comenzar su día sin una adquisición hostil. Combinado con la inteligencia artificial como una tecnología abstracta altamente maleable, podríamos alcanzar un futuro en el que el impulso por las ganancias supere todas las imposiciones legislativas, sociales, morales y religiosas para crear un entorno con cantidades obscenas de contaminación digital, una World Wide Web llena de estupidez artificial. Parafraseando a Aldous Huxley, "si quieres una imagen del futuro, imagina golpear un teclado durante toda la eternidad".

Glosario

Adicción: un impulso antinatural y no esencial de hacer algo que, en última instancia, perjudica a la persona. Todos los modelos de negocios modernos se centran en la creación de adicciones en los usuarios.

Algoritmo: secuencia de comandos escritos para que el software los siga. Cualquier error en el algoritmo inevitablemente produce errores o problemas técnicos durante la ejecución.

Inteligencia artificial: Capacidad del cerebro digital para realizar tareas por sí mismo. Hasta el momento, solo existe una IA estrecha (en comparación con la IA general y la IA súper). Existe una posibilidad real de que la IA estrecha pueda comercializarse como IA general.

Caja negra: programa o dispositivo donde, aunque no se sabe o sí cómo funciona, el énfasis está en sus resultados. Se acepta un cierto margen de error.

Interpretación de Copenhague: una forma de evitar pensar o hablar sobre las paradojas y las implicaciones de la física cuántica en la vida real. Se puede resumir como "no pienses, simplemente calcula". El gato de Schrödinger es un ejemplo de un científico que rompe este voto de silencio.

Ciberespacio: representación digital del universo casi sin restricciones de tiempo, espacio o recursos naturales. Permite una evolución sin control.

Cyborgs - Organismos Cibernéticos: el término denota un humano que se ha fusionado con la tecnología hasta el punto de que no hay distinción entre los dos. Ver Neuralink.

Aprendizaje profundo: enfoque de la caja negra para la programación que crea software adaptable capaz de evolucionar. Sucede en el ciberespacio. Sinónimo de aprendizaje automático, pero suena mucho más fresco.

Experimento de doble rendija: el experimento científico que demostró que observar electrones los convierte en partículas, pero, de lo contrario, se comportan como una onda, lo que implica que la conciencia humana puede cambiar la realidad. El origen de la física cuántica. Los intentos de engañar a un electrón para que muestre su verdadera naturaleza revelaron el entrelazamiento cuántico.

Deber de atención: uno de los dos principios fundamentales para los directores ejecutivos que establecen que deben ejercer la debida atención al medio ambiente, a los demás seres humanos y a toda la humanidad. Ver deber de valor.

Deber de valor: uno de los dos principios fundamentales para los CEOs que establecen que deben hacer lo que no sea estrictamente ilegal para aumentar los ingresos. Pretende estar equilibrado con el deber de cuidado, pero siempre lo supera.

Evolución: la auto-optimización de los seres vivos para el manejo más ingenioso del medio ambiente. Sucede en una escala de tiempo de importancia geológica. El aprendizaje profundo y el aprendizaje automático son intentos de hacer que el software siga su camino directo para terminar con los resultados evolutivos.

Ventaja en primer lugar: la ventaja de los pequeños competidores para superar a los gigantes establecidos. Por lo general, se ve obstaculizada por una malla legal integral que exige enormes inversiones de capital para simplemente iniciar el negocio. Muy fuerte en zonas con inseguridad jurídica.

Correlación de flujo: una forma de desanonizar a los usuarios de Tor.

IA General: Inteligencia digital pensada para ser tan inteligente como un humano. Aún no se ha creado, pero se ha propuesto que evolucione a una súper IA casi al instante.

Redes adversas generativas: entrenando máquinas inteligentes haciendo que luchen y aprendan unos de otros. Un giro en el concepto es tener la máquina en batalla.

Bosón de Higgs: Partícula teórica que de alguna manera causa la gravedad. También conocido como "partícula de Dios". Ver Gran Colisionador de Hadrones.

Ig Nobel: Ceremonia de entrega de premios para el artículo o invento científico más ridículo, celebrado por los actuales premios Nobel. Tiene un matiz alegre. Un juego sobre la palabra "innoble": no es noble en calidad, carácter o propósito.

Teorema del mono infinito: concepto de evolución no restringido por el tiempo, el espacio o los recursos naturales. Es impensable en el mundo real pero bastante posible en el ciberespacio.

Intranet: Red que se separa de internet.

Gran Colisionador de Hadrones: el dispositivo científico más grande jamás creado. Pretende encontrar el bosón de Higgs y revelar la verdadera naturaleza de la gravedad y, por lo tanto, del universo.

Ley de causa y efecto: la idea de que todo sucede por una razón discernible y predecible. Avance científico potenciado durante al menos 2000 años. Comparar con el entrelazamiento cuántico.

Aprendizaje: el proceso de asociar la información observada a reglas universales que fomentan la evolución. Lento y laborioso para los humanos. Comparar con el aprendizaje automático.

Sistema límbico: núcleo cerebral en humanos y otros animales. Instintivo y obsesionado con la supervivencia. Controles de respiración, frecuencia cardíaca, transpiración, etc.

Lógica: una forma de descubrir reglas universales de eventos y propiedades fácilmente observables.

Aprendizaje automático: término general para todos los procesos destinados a evolucionar los programas informáticos a través de la interacción con el mundo real o entre ellos en una configuración de caja negra. Ya está en uso en sitios web de redes sociales (como, por ejemplo, la red neuronal de reconocimiento facial de Facebook). Nombre pintoresco para el aprendizaje profundo.

Prueba de malvavisco: el experimento de la década de 1960 que consiste en dejar a un niño con malvavisco durante diez minutos para probar su fuerza de voluntad. Supuestamente el experimento mide el autocontrol y el éxito posterior en la vida. Llamado a la duda en 2018.

Determinación mecanicista: una idea simplista pero viable de cada estado o acción en la naturaleza que es matemáticamente predecible. Comparar con la física cuántica.

Monte Carlo: algoritmo que busca en todas las acciones disponibles y sus consecuencias para encontrar la mejor. Computacionalmente oneroso e inviable en juegos altamente probabilísticos.

Neocórtex: La capa externa del cerebro humano. Contiene funciones superiores, como rasgos de personalidad y procesamiento de la visión. Lucha constantemente por controlar el sistema límbico.

Fluctuación de red: congestión de paquetes de red que hace que algunos de ellos lleguen tarde al destino.

Neuralink: implante cerebral de gran ancho de banda para fusionar el hombre y la máquina, creando un cyborg. Anunciado por Elon Musk. Inviable en un futuro próximo.

Red neuronal: programas informáticos creados para imitar la función, aunque no necesariamente la forma, de un cerebro vivo. Las subrutinas individuales dentro de la red neuronal cumplen la función de las neuronas en el cerebro. Entrenado utilizando aprendizaje automático.

Neurotransmisor: sustancia química del cerebro, como la dopamina, que causa la actividad cerebral.

Paradoja: una conclusión aparentemente imposible que, sin embargo, parece ser obtenida a través de la lógica. La causa suele ser una mala definición inicial de los términos.

Revisión por pares: práctica académica de científicos que examinan nuevos textos para determinar la experiencia del autor antes de aceptar sus conclusiones. Depende de que haya suficientes críticos dispuestos a criticar.

Enredo cuántico: noción de que las partículas pueden tener "almas gemelas"; afectar o simplemente medir uno afecta instantáneamente al otro en distancias arbitrariamente grandes y atrás en el tiempo. Einstein lo llamó "acción espeluznante a distancia". Actualmente inexplicable.

Experimento de borrador cuántico: experimento de doble rendija, con una elaborada variedad de cristales, espejos y detectores. Mostró el entrelazamiento cuántico. Implica que el universo cambia de comportamiento cuando se observa.

Salto cuántico: cambio cualitativo observable pero inexplicable, un cambio importante para mejorar lo que aparentemente sucedió sin ninguna razón. La evolución del primate al hombre es uno de esos ejemplos. Comparar con la ley de causa y efecto.

Física cuántica: un nuevo paradigma científico que establece que las reglas normales de la física no se aplican a nivel molecular. Lleva a los físicos clásicos a la pared. Comenzado por el experimento de doble rendija.

Crisis de replicación: un problema de larga data de estudios científicos que tienen resultados o métodos que nadie puede repetir. Puede convertir a los científicos en una nueva clase de sacerdotes.

Robot: trabajador mecánico. Originario del robotnik checo, que significa "trabajador forzado".

El gato de Schrödinger: experimento experimental con un gato que está vivo y muerto hasta que alguien lo observa. Una excepción a la interpretación de Copenhague destinada a refutar la física cuántica. Puede causar un dolor de cabeza si se reflexiona demasiado.

Método científico: recopilación de datos para crear una teoría reproducible en un entorno controlado. La base de toda civilización y progreso tecnológico.

Espectrograma: representa señales de variables de tiempo en un gráfico 2D.

Experimento en la prisión de Stanford: experimento psicológico de 1971. Supuestamente se demostró que los humanos son intrínsecamente psicópatas, pero nadie pudo replicar los resultados.

Esteganalisis: descifrando datos ocultos de fuentes públicas. Opuesto a la esteganografía.

Esteganografía: tejiendo datos en comentarios, imágenes, etc. aparentemente inocuos, que se publican para que otra persona los decodifique utilizando el esteganálisis.

Súper IA: la inteligencia digital ascendió a niveles divinos. Se espera que surja de la IA general. Puede volverse completamente inestable o cambiar el curso de la evolución.

El efecto mariposa: la idea de que las acciones aparentemente inocuas tienen consecuencias globales a largo plazo. El término proviene de un modelo de pronóstico del tiempo en el que un solo número redondeado cambió completamente el resultado dos meses después. Comúnmente mal entendido como "todo sucede por una razón", pero el verdadero significado está más cerca de "no podemos saber todo perfectamente".

Tor: el enrutador de cebolla. Una forma supuestamente anónima de navegar por Internet utilizando una red de nodos de retransmisión.

Tragedia de los bienes comunes: destrucción persistente y de bajo nivel del medio ambiente a gran escala. Conclusión lógica de una vasta red de empresas en competencia que comparten recursos comunes limitados y descargan su riesgo para las generaciones futuras.

TranslateGate: descubrimiento de mensajes siniestros, bizarros y directamente pervertidos al traducir insumos sin sentido de somalí, estonio, maorí, etc., al inglés en el traductor de Google. La causa real es que la red neuronal que impulsa el traductor de Google no está lista para su uso en tiempo real, pero Google no puede resistirse a rellenar su cartera de productos con un servicio de traductores.

Aprendizaje no supervisado: proceso extremadamente rápido de una red neuronal que asocia diferentes puntos de datos. Se desconoce cómo funciona realmente el aprendizaje no supervisado; el enfoque está en el hecho de que lo hace.

Voxel: píxel volumétrico, también conocido como "píxel en 3D". Utilizado principalmente en videojuegos y modelado gráfico hasta este momento.

www.ingramcontent.com/pod-product-compliance
Lightning Source LLC
LaVergne TN
LVHW051917060526
838200LV00004B/180